Schemann

Masematte 2.0

Wolfgang Schemann

Masematte 2.0

Mit einer alten Geheimsprache ins 21. Jahrhundert

Titel-Illustration sowie Illustrationen im Buch
Arndt Zinkant

1. Auflage 2023

Printed in Germany

Gedruckt auf säurefreiem, alterungsbeständigem Papier ♾

ISBN 978-3-402-25004-4

Inhalt

Vorweg
Masematte fürs 21. Jahrhundert ... 9

Alarmanlage
Wenn die Mispel zweimal kommt … ... 11
Alkoholtest
Die Fleppe ist plete ... 13
Ampelkoalition
Politik wie auffe Strehle ... 15
Autobahn
Mal richtig Gummi geben ... 17
Bikini
Explosiver Stoff ... 19
Blind Date
Win-win mit kimmel Schassörkes ... 21
Computer
Mit dem Püster durch die Bendine ... 23
Digitalkamera
Die Nullen und die Olfen ... 25
Dschungelcamp
Kniest und Kakerlaken ... 26
E-Bike
Mit Karacho durchs Kaff ... 28
Einkaufstrolley
Kindigen mit Hackenporsche ... 29
Elektrische Zahnbürste
Ein Schrubber für die Gosche ... 30
Emoji
Schonte und Schoko ... 31

Euro
Der Heiermann ist plete 33
Fast Food
Flottes Frengeln 34
Fernseher
Viel Stuss und Tinnef 35
Fitnessstudio
Hinterher in die Kaschemme? 37
Frauenquote
Seegers machen gern den Obermacker 39
Fußgängerzone
Tofte scharwenzeln 41
Geisterspiel
Wie Pöhlen ohne Pille 42
Geldautomat
Wie Zichten aus dem Fluppenautomaten 44
Gendergerechte Sprache
Malocher*innen auch für außen? 45
Gleitsichtbrille
Raffiniertes Roineisen 47
Handy
Ein kotener Computer 48
Herzschrittmacher
Wenn die Pumpe nicht burkt 50
High Heels
Machen sie schuckere Zomen? 51
Homeoffice
Mau-Mau mit den Koten 52
Influencer
Die Lauscher voll gelabert 53
Internet
Boofken machen vieles kapores 55
Kaffeevollautomat
Wenn der Automat den Kaffee auf hat 57

Kiss and ride
Mit dem Wuddi kurz halten 59
Klimakrise
Mit den Mauken im Pani 61
Künstliche Intelligenz
Wie ein kochumer Seeger 63
Nagelstudio
Kotene Plotten anne Feme 64
Navigationssystem
Wo die Mispel lauert 66
Networking
Mit Lowinen und Schabau 68
Nordic Walking
Mehr Muckis und Schmackes 70
Outsourcing
Es geht fast immer um Knete 72
Piercing
Wenn der Zinken läuft 74
Recycling
Plastikfinnen und Elefantenschonte 76
Schuldenbremse
„Tu's aufn Deckel" 78
Shitstorm
Krakeelen und schandudeln 79
Social Distancing
Mit den Mauken den Wuddi getreten 80
Solartechnik
Wie kommt der Lorenz in die Steckdose? 82
Superspreader
Dicke Döppen, hamel Husten 84
SUV
Der Kalinenpanzer 86
Tempolimit
Viel Brassel und keine Fleppe mehr 88

Update
Brast am Montagmorgen 90
Vegetarier
Mett im Ratbeis 91
Windrad
Höher als die Tifteltürme 93

Glossar 94

Masematte fürs 21. Jahrhundert

Wer auf Masematte Geschichten erzählen will, gerät mitunter schnell an seine Grenzen. Denn der Wortschatz der ehemaligen münsterischen Geheimsprache ist überschaubar, er umfasst nur gut 500 Wörter. Das reichte den ursprünglichen Masemattefreiern für die Kommunikation auf den Märkten und in den Kneipen, beim Verhandeln, Verkaufen und Verhökern. Und wenn nicht, griff man eben zur damals üblichen Umgangssprache, zum Niederdeutschen.

Dass es für viele Dinge und Begriffe keine Entsprechung in der Masematte gibt, hat zum Teil ganz einfache Gründe. Zum einen: Für viele Alltäglichkeiten ist keine Geheimsprache vonnöten. Und zum anderen: Viele Dinge gab es um die Mitte des 19. Jahrhunderts, als sich die Masematte entwickelte, noch nicht. Die Seegers und Kalinen haben damals nicht über die Vor- und Nachteile des neuesten Smartphones diskutiert, sie hatten keine Ahnung von Fitnessstudios und Frauenquoten.

Aber das heißt ja nicht, dass man sich auf Masematte nicht über ebensolche Themen unterhalten könnte. Zumal sich da durchaus interessante Fragestellungen auftun: Wie hätte man den Masemattefreiern und -kalinen von anno Tobak Ereignisse und Errungenschaften des 20. und 21. Jahrhunderts erklärt? Wie wären sie mit dem neumodischen Kram umgegangen? Wie hätten sie solche Dinge in ihrer Geheimsprache möglicherweise bezeichnet?

Und dabei zeigt sich, dass die Masematte auch den Herausforderungen des 21. Jahrhunderts gewachsen ist – dass sie auch mit Geldautomaten (Schotterschucker) und Fast

Food (Tackoachile), mit Alarmanlagen (Bunkenbremse) und Homeoffice (Beismaloche) keine Probleme hat. Die münsterische Kultsprache kann auch Masematte 2.0.

Ist das nicht jovel? Ömmes!

ALARMANLAGE // BUNKENBREMSE

Wenn die Mispel zweimal kommt …

Leider gibt es viele Gannefs, Boofken und Bunken, die anderen was sierften. Wennze nicht willst, dasse dir was schoren, dann musse dir eine Bunkenbremse bicken. Zerchen-Seeger, die das ausbaldowert haben, die schmusen das Alarmanlage.

Wennze eine Bunkenbremse im Wuddi hegst, macht die Hupe Randale, wenn einer dir die Karre schoren will. Am Beis kannze gelbe Funzeln montieren, die tacko blinken, wenn einer in deine Kabache will. Und dann gibt es noch die Alarmanlagen, die stikum makeimen – aber dafür einen direkten Draht zur Mispel hegen.

Masemattenfreier Ferdi und seine Kaline haben in ihrem Beis eine Bunkenbremse, die ziemlich jackes war. Die kannze auch für einzelne Kabuffs im Beis scharf stellen – wenn sich da was bewegt, klingelt's gleich bei der Mispel. Ferdi stellt nachts immer alle Kabuffs auf scharf – nur das Poofkabuff und den Schont nicht. Weil man ja vielleicht mal miegen muss.

Aber eines Nachts bewirchte die Kaline plötzlich hamel Roof – und schemmte inne Küche, um sich eine Knirfte zu machen. Kaum hatte sie das Karo achilt, stand auch schon die Mispel vor der Tür – zwei Streifenwuddis, zwei Seegers und zwei Anims, alle in voller Montur.

Anschließend verknickerte Ferdi seiner Kaline, dass man die Bunkenbremse ganz einfach ausbremsen kann, wenn man mal im Beis rumpäsen muss. „Man burkt diesen Knopp", so schmuste Ferdi, „und schon pooft die Bunkenbremse." Aber die Mispel nicht. Kaum hatte Ferdi richtig geburkt, dibberte er durch die Finete schon wieder bes Streifenwuddis. Es wäre wohl ein anderer Knopp gewesen …

*Eine **Alarmanlage** ist eine technische Einrichtung, die bei Einbruch- oder Diebstahlversuch entweder vor Ort ein Signal (Blinklicht, Sirene) abgibt oder auf direktem Wege die Polizei oder ein Sicherheitsunternehmen informiert.*

Alkoholtest // Lowinenprobe

Die Fleppe ist plete

Masemattenfreier Hermann war in seiner Stammkaschemme. Und ein paar andere Seegers waren auch da. Man hatte gelabert und einige Lowinen gebechert – und zwischendurch immer mal nen Quinie. Als der Kower Feierabend machen wollte, schmuste der Osnik schon nach Mitternacht. Hermann musste eine schumme Zeche beribbeln. Nicht, dass er pegelschicker gewesen wäre, aber er muckerte schon, dass die Zomen ein bisschen meschugge waren – weshalb er More hatte, dass er sich auf dem Weg nach Beis auf die Schmiege legen könnte. Da sei es doch sicherer, so laberte Hermann bei sich, er fahre im Sitzen nach Beis – und stieg in seinen Wuddi.

Aber dann stand plötzlich die Mispel am Strehlenrand und fragte, ob er was gepichelt habe. Hermann schmuste, ja, er habe wohl ein oder zwei Lowinchen gebechert, so genau könne er sich nicht mehr erinnern. Der Schachani schmergelte und verkasematuckelte Hermann, er würde gerne mal eine Lowinenprobe machen. Dann schob er ihm ein kotenes Gerät vor die Gosche und verknickerte ihm, jetzt müsse er pusten. Als Hermann die Mispel kurz darauf was von „beskommakimmel" labern hörte, wusste er, dass er verkimmelt hatte. Und so war es auch. Hermann durfte auch noch zur Mailachprobe.

Hermann hat sich jetzt vorgenommen, nie mehr nach dem Schickern in den Wuddi zu steigen. Vorerst geht das aber sowieso nicht, weil die Fleppe erst mal plete ist ...

Ein **Alkoholtest** *wird vornehmlich bei Verkehrskontrollen durch die Polizei durchgeführt. In der Regel nimmt die Polizei dann zunächst mit Hilfe eines Messgerätes eine Atemalkoholbestimmung vor. Wenn sich dabei der Verdacht auf Alkoholgenuss bestätigt, kann eventuell eine Blutprobe folgen.*

AMPELKOALITION // KIMMEL-KLUB

Politik wie auffe Strehle

Wennze den Masemattenfreiern anno Tobak was von Ampelkoalition geschmust hättest, hätten die vermutlich leicht meschugge ausse Kowe geroint. Weil sie bei Ampel an einen hängenden Blumenpott gedacht hätten – und bei Koalition womöglich an etwas, über das man damals nicht gelabert hätte, weil sie meinten, dass es eher stikum inne Firche stattfand. Aber keiner hätte damals gemuckert, dass das was mit Politik zu tun haben könnte.

Aber is so. Ampelkoalition schmust sich ein Kuddelmuddel aus kimmel Polit-Mischpoken, das seit 2021 hier inne Bendine das Rakawelen hat. Warum man dabei von Ampelkoalition labert? Nicht, weil das was mit Blumen oder Firchen zu tun hat. Sondern, weil sie aus kimmel verschiedenen Polit-Mischpoken besteht – aus roten Sozis von der ehemaligen Malocherpartei, aus gelben Figinenköstern vonne liberalen Mischpoke sowie aus grünen Anims und Hegels ausse Öko-Ecke.

Und wie funktioniert das mit dem Kimmel-Klub? Na ja, es gibt öfter mal Brassel und Zoff. Es ist, wie man das vom Wuddifahren oder Leezenlenken auffe Strehle kennt: Wennze denkst, du könntest mit einer grünen Welle tacko päsen, kommt dir schon wieder gelber Brassel in die Quere. Und am Ende hegste das Gefühl, du hättest ziemlich viel bei Rot rumgestanden und wärst nicht richtig vorangekommen.

Ampelkoalition *wird eine Koalition aus SPD (rot), FDP (gelb) und Grünen (grün) genannt. Die erste Ampelkoalition auf Bundesebene wurde im Dezember 2021 besiegelt.*

Mal richtig Gummi geben

Eine Autobahn ist nicht, wie man vielleicht denken könnte, ein Tralli, der Wuddis transportiert, sondern eine Strehle, auf der man dem Wuddi mal richtig Gummi geben kann. Und deshalb schmust man die auch Tackostrehle.

An der Tackostrehle gibt es laulone Backs, wo Schauter und Schicksen wohnen, die da mit ihrem Wuddi im Zuckeltrab nach einer Parklücke dibbern. Da gibt es laulone Seitenstrehlen, aus denen plötzlich Wuddis oder Leezen aufkreuzen. Und da gibt es vor allem keine Ampeln, die mit ihren roten Funzeln immer wieder dafür sorgen, dasse mitte Mauken auf die Bremse latschen musst.

Allerdings musse auch auffe Tackostrehle oft genug die Mauken vom Gaspedal nehmen. Mal sind es die Lapanenmalocher, die dir mit Baustellen das Päsen vermiesen. Und mal sind es die Wuddifahrer selbst. Denn wenn zu viele Wuddis auffe Tackostrehle wollen, ist die Tackostrehle tacko voll. Und was dann passiert, schmust sich „Stau" oder „stockender Verkehr". Wenn die morgens im Laberkasten die Staumeldungen verknickern, fragste dich manchmal, ob man da überhaupt noch richtig päsen kann. Und ob man so was wirklich noch Tackostrehle schmusen kann.

Vor einiger Zeit konnze mal im Internet (dibber Seite 55) und inne Tagesfleppe kneistern, dass ein tschechischer Dickbalg irgendwo auf einer Tackostrehle mit Tempo 417 rumgepäst sei. Wer etwas Zerche vonne Wuddi-Welt hegt, der hat natürlich gleich gemuckert: Auf den Tackostrehlen hier inne

Bendine, die sich Nordrhein-Westfalen schmust, kann das jedenfalls nicht gewesen sein …

*Eine **Autobahn** ist eine Schnellstraße, die in der Regel über mindestens zwei Fahrstreifen in jeder Richtung, einen Mittelstreifen und einen Standstreifen verfügt.*

Bikini // Mini-Plümpskowe

Explosiver Stoff

Bikini schmust sich die Kowe, die viele Kalinen anziehen, wenn sie zum Plümpsen schemmen oder wenn sie sich am Strand oder am Pani den Balg vom Lorenz bescheinen lassen …

Ihren Namen bewirchte die kotene Plümpskowe vom Bikini-Atoll, einer Bendine im Pazifischen Pani, wo die Amis Versuche mit Atombomben mänglowiert haben, also mit ganz explosivem Stoff. Und auch der Bikini bestand aus explosivem Stoff – explosiv wenig Stoff, könnte man auch schmusen. Denn der Bikini war eine hamel kotene Plümpskowe, er bestand aus einem Oberteil, das wie ein BH ausrointe und den Körning verkaliborte, und einem Unterteil, das wie eine Bräseplinte ausrointe. Und mit sowas in der Plümpse oder am Strand herumzuscherbeln, war bis dahin verpönt oder verboten.

Der Seeger, der den Bikini ausbaldowert hatte, rakawelte damals über die neue Mini-Plümpskowe: Der Bikini ist so koten, dass er alles über die Kaline enthüllt bis auf den Geburtsnamen ihrer Mutter. Oder so ähnlich.

Heutzutage ist diese Kalinenkowe nicht mehr so explosiv. In einigen Käffern und Plümpsen können die Anims, wenn sie wollen, sogar die obere Kowen-Hälfte im Beis lassen und, wie die Seegers, nur mit Bräse- bzw. Badeplinte ins Pani schemmen.

*Der **Bikini** ist ein zweiteiliger Badeanzug für Frauen, der 1946 „erfunden" wurde. Er galt damals als Skandal, sein Tragen war* *vielerorts verboten. Benannt ist der Bikini nach dem Bikini-Atoll, das die Amerikaner nach dem Zweiten Weltkrieg als Testgebiet für Atombombenversuche nutzten.*

Blind Date // Keine-Zerche-Techtelmechtel

Win-win mit kimmel Schassörkes

Keine Zerche, was ein Date ist? Also, wennze inne Kaschemme oder auffe Maloche mal eine kurante Kaline dibberst und du laberst sie an und fragst, ob sie nicht mit dir mal einen Schokelamai picheln möchte – und wenn sie dann „ja“ schmust oder „ömmes“, dann hegste ein Date.

Und ein Blind Date ist, wennze ein Date hegst mit einer Kaline, die du vorher noch nie gekneisterst hast. Musse dir mal reinziehen: Du hoffst auf ein Techtelmechtel – und hegst keine Zerche, wer da kommt.

Natürlich muss man der Kaline dann verknickern, wie sie muckern kann, dass du der Seeger bist, mit dem sie ein Date hat. Oder umgekehrt. Beliebt ist die Blume im Knopfloch. Wennze kein Knopfloch an deine Kowe hegst, kannze auch deine Mama mitnehmen – damit die sich die Blume ins Knopfloch steckt.

Wer jetzt denkt, Blind Date wäre was hamel Modernes, weil das ausse Tommy-Rakawele kommt, der ist auf dem Kaschpatt. Das hat es immer schon gegeben. Anno Tobak lief das so: Da saßen zwei Seegers in der Kaschemme und waren am Schickern. Und dann schmonselte der eine dem anderen: „Hömma, dein Koten, der Hubert, der wird doch bald 30 und ist noch immer nicht vergasselt. Und meine Hilde hat auch noch keinen Macker. Da könnte man doch was mänglowieren, was die Masematter heute ne Win-win-Situation schmusen." Und wenn der andere dann „Ömmes" rakawelte, brauchte man nur noch auszuklamüsern, wo das Date stattfindet.

Wovon die Ische und der Strigo noch keine Zerche hegten: Im Grunde war damit schon klar, dass aus dem Blind Date ein Techtelmechtel und anschließend gegasselt wurde. Zumal die beiden Seegers nach weiteren drei Lowinen auch schon die Mitgift ausklamüsert hatten: ein Trecker und kimmel Schassörkes.

Blind Date *nennt sich ein Stelldichein von zwei Personen, die sich bislang noch nie getroffen und gesehen haben.*

Computer // Multimänglowierer

Mit dem Püster durch die Bendine

Wennze ne Schreibmaschine mit ner Rechenmaschine kreuzt und dann noch ne Feme voll Elektrik und Elektronik dazu schuckst, dann bewirchste einen Apparat, der sich Computer schmust. Und wenn der richtig mänglowiert wird, kann der viele Sachen makeimen und dir hamel viel Maloche abnehmen – dann wird er zum Multimänglowierer.

Du kannst den Computer zum Beispiel nutzen, um mit anderen Seegers oder Kalinen zu labern, um Texte zu mänglowieren, Bilder zu makeimen, Klamotten zu bicken oder ein Kabuff in einem Poofbeis zu buchen. Du kannst den Computer auch als Kneisterkasten (dibber Seite 35) nutzen oder damit im Internet (dibber Seite 55) rumpäsen.

Und du kannst mit dem Computer spielen. Viele finden Ballerspiele tofte, wo sie mit dem Püster durch die Bendine teilachen. Andere finden es jovel, wenn sie mit der Asse, einem Wuddi oder einem Luftwuddi über den Bildschirm päsen. Aber du kannst auch Poker oder Doppelschero spielen. Oder Schach. Aber das solltest du nur machen, wenn du gut verkimmeln kannst. Weil die Computer inzwischen so kochum sind, dass sie meistens gewinnen. Nur in einem Punkt hast du den Zinken vorn: Du hast die Feme an den Knöppen, mit denen man den Level mänglowiert …

Computer *sind elektronische Geräte, die mit Hilfe entsprechender Programme viele verschiedene Aufgaben erledigen können – von der Bearbeitung von Texten, Bildern und Videos über die Steuerung von Geräten aller Art und das Steuern von Spielen bis hin zum Surfen im Internet.*

DIGITALKAMERA // BILDMAKEIMER

Die Nullen und die Olfen

Wennze ein Bild machen willst, aber keine Zerche vom Malen hegst, dann musse dir einen Apparat bicken, der sich Kamera schmust. Und wenn du heutzutage so einen Apparat kindigst, bewirchst du fast immer eine Digitalkamera.

Wennze beispielsweise von deinem Anim ein Bild makeimen willst, mänglowiert die Digitalkamera das ungefähr so: Sie zerlegt es - nicht das Anim, sondern das Bild - in hamel viele hamel kotene Info-Schnipsel. Die bestehen im Grunde alle nur aus Ziffern, und zwar nur aus bes Ziffern - aus einer, die sich Null oder Laulone schmust, und einer, die sich Olf schmust. Und die ganzen Schnipsel werden in einem Ding gespeichert, das sich Chip schmust und das nicht viel schummer als ein Fingernagel ist.

Nun ist deine Kaline also in dem Chip bzw. das Bild von deiner Kaline. Wie aus den Schnipseln wieder das Kalinen-Bild mänglowiert wird? Das solltest du dir am besten mal von einem Seeger oder einem Anim verkasematuckeln lassen, die Zerche von sowas hegen. Ich hege davon jedenfalls keine Zerche und bin immer wieder baff, woher die vielen Nullen und Olfen wissen, an welche Stelle im Ponum der Kaline sie dann päsen müssen.

*Eine **Digitalkamera** ist eine Kamera, die statt des (analogen) Films ein digitales Medium als Speicher nutzt.*

DSCHUNGELCAMP // KNIEST-TV

Kniest und Kakerlaken

Wennze mal den Kneisterkasten (dibber Seite 35) anschmeißt – kann sein, dasse dann plötzlich dibberst, wie ein paar Schauter und Schicksen irgendwo im australischen Urwald rumlungern. Auf der Suche nach Achile schemmen sie über wacklige Brücken, sie plümpsen in Juhlepani oder sie krabbeln durch Kröten und Kakerlaken – und irgendwann knispelst du, wie sie Käfer spachteln oder Maden frengeln.

Haben die sich im Urwald verirrt, sind sie von schoflen Boofken entführt worden oder sind das ein paar Seegers und Kalinen, die beim Absturz eines Luftwuddis nicht mulo gegangen sind? Bevor du jetzt Mitleid bewirchst und womöglich am Flennen anfängst: Die sind alle freiwillig im Busch. Und bewirchen sogar Lowi dafür.

Die Kneisterkasten-Mischpoke für Randale, Tinnef und Laberei (RTL) hat die Schauter und Schicksen in den Busch bugsiert und beseibelt sie nun mit Muttke, Juhlepani oder Kakerlaken. Und außerdem müssen sie Sachen achilen, bei denen andere schon am Göbeln anfangen, wenn sie die nur dibbern. Warum? Weil es offenbar genug Leute gibt, die gerne kneistern, wie andere Schauter und Schicksen Spinnen spachteln und Maden mümmeln.

Offiziell schmust sich die Sendung übrigens „Ich bin ein Star – Holt mich hier raus!" Wenn einer das bölkt, weil er keinen Bock mehr auf Kniest und Kröten hat, kann er plete böschen. Warum die Maden-Macker und Kakerlaken-Kalinen sich „Stars" schmusen? Keine Zerche – von den meisten hat man zuvor noch nie was gemuckert.

Das ***Dschungelcamp*** *(Offizieller Titel: „Ich bin ein Star – Holt mich hier raus!") ist eine Reality-Show, die seit 2004 von RTL ausgestrahlt wird. Rund ein Dutzend mehr oder weniger Prominente leben für zwei Wochen in einem australischen Dschungelcamp, wo sie – unter ständiger Kamera-Beobachtung – allerhand unappetitliche Prüfungen über sich ergehen lassen müssen.*

E-BIKE // SCHMACKESLEEZE

Mit Karacho durchs Kaff

Wennze mit der Leeze rumpäsen willst, musse schon Schmackes inne Zomen haben. Nicht ohne Grund labern die Masemattenfreier, wenn sie von der Leeze rakawelen, auch mal von Knetemann oder Trampeljöner.

Aber wennze heutzutage tacko mitte Leeze durch die Zitti päst, kann schon sein, dasse dann überholt wirst von einem toflen Seeger mit Obermann und Kulturstrick oder von einer kuranten Kaline mit Sonntagskowe und Stöckelmasminen – obwohl beide nicht so ausroinen, als ob sie hamel Muckis inne Zomen hegten. Und dann muckerst du, dass die den Schmackes nicht im Balg haben, sondern in der Leeze – das heißt, die Leeze päst fast von ganz alleine. Ömmes, und das Ganze schmust sich Schmackesleeze. Zerchen-Seeger labern vom E-Bike.

Roint so aus, als ob die Schmackesleezen hamel tofte wären. Aber die Dinger sind nicht nur jackes, sie haben auch ihre Tücken. Weil viele Schauter und Schicksen, die jahrelang nicht auf nem Knetemann gesessen haben, sich jetzt plötzlich ne Schmackesleeze bicken und dann mit Karacho durchs Kaff päsen – und manche keine Zerche hegen, wie die Fleppe funktioniert, die sich Strehlenverkehrsordnung schmust.

*Ein **E-Bike** oder Pedelec ist ein Fahrrad mit Elektromotor, das maximal 25 Stundenkilometer fahren kann. E-Bikes haben in den letzten Jahren einen regelrechten Boom erlebt, inzwischen machen sie rund die Hälfte aller neu verkauften Fahrräder aus.*

Einkaufstrolley // Bickerwuddi

Kindigen mit Hackenporsche

Früher sind die Kalinen oder Seegers mit Chatte oder Korb losgeschemmt, wenn sie was kindigen wollten. Und da passte alles tofte rein. Weil sie ohnehin nicht so viel Knete hatten, dass sie mehr als das bicken konnten, was sie in den nächsten olf, bes Tagen achilen konnten.

Inzwischen roint das alles anders aus. Aus den kotenen Tante-Emma-Läden sind schumme Backs geworden, die sich Bickbeis oder Supermarkt schmusen – und in denen du dich schon mal verlaufen kannst, wennze Tut, Matrelen oder Karo suchst. Viele Kalinen und Seegers haben mehr Lowi inne Chatte, sie teilachen zum Markt oder Supermarkt und kindigen gleich für eine ganze Woche – und bicken auch so manches, das sie laulone brauchen, das aber so tofte ausrointe, als sie kimmel Mal daran vorbeischerbelten.

Das alles passt nicht mehr in eine Chatte, und wennze tofel bist, kannze das auch nicht mehr gut schleppen. Dafür gibt's die Bickerwuddis, die sich offiziell Einkaufstrolleys schmusen. Aber das rakawelt niemand. Die Seegers und Kalinen, die so einen Bickerwuddi hegen, und vor allem die, die keinen hegen, die labern gerne von Hackenporsche, Kartoffelmercedes oder Rentnervolvo.

*Der **Einkaufstrolley** ist ein mit zwei Rädern versehener Behälter, der einem Rollkoffer ähnelt und vor allem beim Einkaufen genutzt wird.*

Ein Schrubber für die Gosche

Wer auch dann, wenn er tofel ist, noch mit eigenen Heiers achilen will, der muss seine Gosche und die Heiers pflegen. Die Schmarrer schmusen uns, dass man wenigstens bes Mal am Tag den Kniest von den Heiers putzen sollte. Wer More hat, dass er vom Heiersputzen Muskelkater inne Feme bewirchen könnte, der kann sich auch eine elektrische Zahnbürste bicken, also einen Elektroheiersputzer. Der macht die Maloche fast allein – Gosche auf, Putzer rein.

Was besonders tofte ist: Wennze einen von den neusten Heiersputzern hegst, dann kannze aufm Handy (dibber Seite 48) hinterher kneistern, wann du das letzte Mal inne Gosche warst, ob du lange genug geputzt hast und ob du mit dem kotenen Schrubber auch alle Heiers erwischt hast.

Seegers, die Zerche vonne Heiers hegen, die labern davon, dass die Elektroputzer dir demnächst auch noch ganz andere Sachen übers Handy verklickern. Etwa so:

Deine Gosche zirocht nach Lowinen. Du solltest heute nicht mehr mit dem Wuddi fahren, weil du sonst Brassel mit der Mispel bewirchen könntest.

Oder so: Du hast zu viel Süßkram gefrengelt. Ich habe schon mal für nächste Woche einen Termin beim Schmarrer vereinbart.

***Elektrische Zahnbürsten** arbeiten mit rotierenden Bürstenköpfen, als Weiterentwicklung gelten die Schallzahnbürsten. Inzwischen gibt es auch Modelle, die via Smartphone Auskunft über das Putzverhalten geben.*

Schonte und Schoko

Wennze mal im Internet (dibber Seite 55) eine Nachricht bewirchst, dann kann es sein, dass du im Text ab und zu kotene Schmiegen dibberst, die mal schmergeln oder flennen, mal nach Brast und mal nach Jontef ausroinen. Die schmusen sich Emoji.

Am beliebtesten sind die schmergelnden Schmiegen, da will dir wohl jemand verklickern, dass er irgendwas hamel jovel findet. Wennze beispielsweise einem Anim per Internet geschmust hast, dass du sie gerne in ein schuckeres Achilebeis einladen möchtest und sie dir dann eine schmergelnde Internet-Schmiege zurückschickt – dann weißte, dass sie das tofte findet und gerne mitschemmt.

Es gibt aber auch Schmiegen, die am Plannigen sind oder die hamel mies ausroinen. Wennze so eine von deiner Kaline bewirchst, dann kann schon sein, dass sie hamel brastig auf dich ist.

Apropos, Brast: Wennze mal was hamel schofel findest, dann kannze auch den Kack- oder Kothaufen-Emoji nehmen. Der roint aus wie ein Schont-Haufen, hat aber meistens trotzdem ein schmergelndes Ponum. Manche meinen allerdings, er roine eher aus wie Schokoladeneis. Da kannze mal muckern, wie meschugge das Internet sein kann. Denn normalerweise kannze Schoko und Schonte ja nicht verwechseln …

***Emoji** ist ein Begriff, der aus dem Japanischen kommt und „Bildschriftzeichen“ bedeutet. Es handelt sich um kleine Piktogramme, meist Gesichter, mit denen Texte im Internet, vor allem in den sozialen Medien, illustriert werden.*

Euro // Multiknete

Der Heiermann ist plete

So mancher Masemattenfreier von anno Tobak würde sicher hamel nerbelo ausse Kowe roinen, wenn er heute noch mal in eine Patte dibbern könnte. Denn da würde er baff muckern: Die Mark ist plete. Was er da jetzt zu kneistern kriegte, roint ganz anders aus und schmust sich Euro. Ein paar Bendinen, die sich EU schmusen, haben das ausbaldowert: eine neue Knete, die für alle gilt.

Das ist einerseits hamel jovel. Wennze beispielsweise mit dem Wuddi oder mit dem Tralli im Urlaub in andere Bendinen päst, kannze da mit dem Euro beschollen. Du brauchst nicht mehr vorher zum Balachesenbeis, um Knete umzutauschen. Und du bewirchst auch keine Scheropiene mehr vom ewigen Umrechnen.

Aber andererseits ist das auch ein bisschen schofel. Denn die Mark ist plete. Die Beschinen, die schmusen sich jetzt Cents. Es gibt keinen Tacken mehr. Und du kannst auch keinen Schuck mehr schucken, weil der sich nun Euro schmust. Und was das Schofelste ist: Der Heiermann – den die Masemattenfreier früher als Koten vonne Oma fürn Schock und später von ihre Kaline als Schickermoos bewircht haben –, der ist auch plete.

*Der **Euro** ist die offizielle Währung in 20 Mitgliedsstaaten der Europäischen Union. Er wurde am 1. Januar 2002 in Umlauf gebracht.*

Flottes Frengeln

Masemattenfreier haben immer schon tacko achilt – mal, weil sie wegen der Maloche nicht viel Zeit zum Frengeln hatten, und mal, weil sie ohnehin nicht viel zu frengeln hatten. Aber da hegten sie noch keine Zerche, dass das flotte Frengeln mal in sein könnte und die Achile sich Fast Food schmust.

Fast Food wird tacko makeimt und tacko achilt. Oft nimmste die Tackoachile einfach inne Feme und frengelst sie beim Teilachen. Wennze More hast, dasse dir beim Teilachen die Plinte beseibelst, kannze auch in eine Tackoachilkabache schemmen und dich zum Spachteln hinsetzen. Außerdem gibt's Kaschemmen, wo man einfach mit dem Wuddi rumpäst: Vorne kannze runterlabern, wasse frengeln möchtest, und hinten kannze die bestellte Achile einpacken und gleich im Wuddi verspachteln. Aber da kann es natürlich wieder passieren, dass was auf deine Plinte landet …

Was ein bisschen meschugge ist mit Fast Food: Es wird tacko makeimt und tacko verfrengelt, kann aber hamel lange nachwirken: Wennze zu viel davon spachtelst, kann sein, dasse dann ne schumme Plautze bewirchst.

*Unter **Fast Food** versteht man Speisen, die nicht nur schnell zubereitet werden, sondern auch schnell verzehrt werden können.*

Fernseher // Kneisterkasten

Viel Stuss und Tinnef

Das Ding schmust sich Fernseher. Das ist aber Tinnef. Denn du bist immer hamel nah dran an dem Ding, weil das vor dir in deiner Kabache steht. Und wennze beispielsweise Flemmen kneisterst, bisse viel näher dran als wennze ins Stadion geschemmt wärst – so nah, dasse manchmal sogar die Farbe von dem Quallermann dibbern kannst, den einer von den Assemakeimern gerade aufn Rasen gerotzt hat.

Also: Der Kneisterkasten ist wie ein kotenes Kneisterbeis, nur dass es bei dir inne Kabache steht. Wennze abends mal keine Zerche hast, wasse so machen sollst, kannze den Kneisterkasten anschmeißen und mal dibbern, was es so zu knispeln gibt. Irgendwo ist immer Krimi. Und wennze Massel hast, kannze sogar Krimis hier ausse Bendine, also aus Münster, kneistern. Mit Kommissar Thiel, der aus einem Malocher-Ker von Hamburg kommt und immer noch für die Assemakeimer von St. Pauli schwärmt, und Professor Boerne, der im Machullenpoofbeis malocht und gerne den vornehmen Macker mimt. Oder mit Wilsberg, dem Amateur-Schachani mit der zerknautschten Schmiege, der immer klamm mit Lowi ist, weil er in seinem Fleppenladen keinen Reibach machen kann. Irgendwo ist auch immer das, was sich Talkshow schmust – wo du einige Seegers und Kalinen beim Labern bedibbern kannst.

Aber, Feme auffe Pumpe, der Kneisterkasten bringt dir auch viel Stuss und Tinnef inne Kabache. Da kannze beispielsweise dibbern, wie sie einem Messi (nicht dem, der mit dem

Flemmen Millionen bewircht) die Kabache aufräumen, wie einige Anims versuchen, sich einen Strigo zu angeln, der sich Bachelor schmust, oder wie einige Figinenköster Maden und Würmer frengeln (dibber Seite 26).

Das ***Fernsehen*** *ist ein modernes Massenmedium, das per Kabel, Funk oder Satelliten ins Haus kommt - und das man sich mit einem Empfangsgerät (Fernseher) oder mit einem Computer anschauen kann. Schwerpunkte sind Information, Bildung und Unterhaltung.*

Hinterher in die Kaschemme?

Früher haben die Schauter und Schicksen meist so viel schanägelt und gewullackt, dass sie hamel Muckis hatten – und laulone Zeit, um außerdem noch Sport zu machen. Heute ist das anders, weil die meisten Schero- oder Schreibtischmalocher sind oder mit dem Wuddi durch die Bendine päsen. Ihnen fehlt Bewegung und deshalb schemmen sie in eine Schmackeskabache, die sich Fitnessstudio schmust.

Da kannze deine Muckis stählen mit Strippen, die sich Seilzug schmusen, oder mit Gewichten, die sich Hanteln schmusen. Da gibt es Extra-Geräte für Wampe, Zomen und Tokus, wennze damit Malessen hast.

Da kannze auffe Stelle teilachen, ohne dasse weiterkommst (schmust sich Laufband), da kannze mitte Leeze rumpäsen, ohne dasse auf Wuddis oder Maukenschemmer achten musst (schmust sich Ergometer), und da kannze auch Wassersport machen ohne Pani (schmust sich Rudergerät).

Es gibt ja Seegers, die fühlen sich hinterher so jovel – dass sie erst mal in eine Kaschemme schemmen und sich da nen toftes End Bezinnum und ein paar Lowinen genehmigen. Wer allerdings zu viel Bezinnum frengelt oder Lowinen pichelt, der müsste eigentlich anschließend gleich wieder in die Schmackeskabache …

*Ein **Fitnessstudio** ist eine Einrichtung, in der man verschiedene Geräte für Kraft- und Ausdauertraining, Gesundheitsförderung oder Bodybuilding findet.*

FRAUENQUOTE // KALINENQUOTE

Seegers machen gern den Obermacker

Als Masemattenfreier Venti zum ersten Mal muckerte, dass in seinem Verein über eine Frauenquote gelabert wurde, fand er das hamel tofte. Er habe bestimmt eine tolle Kalinenquote, rakawelte er. Und fing gleich am Schmonseln an – von Uschi aus Klein-Muffi, mit der er schon auffe Penne ein Techtelmechtel hatte, von Karin aus Kotenbeis, mit der er im Schwofkursus war, von Hilde, die ihm plete geböscht war, bloß weil er einmal mit Anni in der Öle plümpsen war, von Rita, die er gerne gegasselt hätte, die aber lieber mit einem Dickbalg aus dem Millionenviertel geschemmt war, von …

Der Obermacker des Vereins konnte Venti kaum bremsen – und musste ihm dann erst mal verkasematuckeln, dass es bei der Kalinenquote nicht um die Seegers und ihre Techtelmechtel geht. Sondern darum, dass in allen Käffern und Bendinen mehr als die Hälfte der Bevölkerung Kalinen sind – aber wennze dann mal die Regierung, das Ratbeis oder auch den Vorstand des Vereins bekneisterst, dann dibberst du da nur ganz wenige Anims. Weil die Seegers überall gerne den Obermacker machen. Und deshalb, so der Vereinsboss, brauche man eine Kalinenquote, damit möglichst viele Anims, Kalinen oder Schicksen einen Platz im Vorstand bewirchen.

Inzwischen hegt Venti auch hamel Zerche, wie die Kalinenquote funktioniert. Bei den letzten Wahlen hat er seinen Posten verloren, nachdem er hei Jennikes im Vorstand war. Als Frauenwart.

*Die **Frauenquote** ist eine Regelung, die sicherstellen soll, dass Frauen bei der Besetzung von Stellen und Gremien sowie bei der Vergabe von Führungspositionen angemessen berücksichtigt werden.*

FUSSGÄNGERZONE // MAUKENSCHEMMERSTREHLE

Tofte scharwenzeln

Als die Masemattenfreier im 19. Jahrhundert ihre Geheimrakawele ausklamüserten, hatten die Maukenschemmer die Strehlen noch für sich. Ab und zu eine Leeze oder ein Zossen, noch seltener ein Zossen-Wuddi. Das ganze Kaff war das, was die Zerchen-Seeger später Fußgängerzone schmusten.

Dann kamen die Wuddis, sie wurden immer mehr und immer schummer. Die Strehlen wurden immer breiter, die Maukenschemmer an den Rand gedrängt. Aber im Zentrum der Käffer war kein Platz für breite Strehlen, zwischen den toflen und kotenen Backs knubbelten sich die Wuddis. Und irgendwann haben die Zerchen-Seeger, die sich Kaffplaner schmusen, dann gemuckert, dass es inne Zitti zu wenig Strehle für zu viele Wuddis gibt. Und die Masematter haben gemosert, dass die Maukenschemmer nicht mehr zum Bicken und Kindigen inne Zitti schemmen, weil das Shoppen dort keinen Jontef mehr macht.

So kam es, dass einige Strehlen für Wuddis gesperrt wurden. Und die schmust man nun Maukenschemmerstrehlen oder Tippelstrehlen. Da kannze jetzt tofte scharwenzeln und zwischendurch mal ein bisschen bicken oder nen Schokelamai picheln, ohne dasse More haben muss, dass dir ein Wuddi über die Mauken päst.

Fußgängerzonen *– das heißt Straßenflächen, die den Fußgängern vorbehalten sind und dem Kfz-Verkehr allenfalls zeitweise für die Anlieferung zur Verfügung stehen – entstanden in Deutschland ab den 1950er Jahren, meist als Konsequenz des Wiederaufbaus und als Reaktion auf den zunehmenden Kfz-Verkehr.*

Geisterspiel // Figineflemmerei

Wie Pöhlen ohne Pille

Zu einem richtig toften Fußballspiel gehören nicht nur die Assemakeimer, die hinter der Pille herpäsen, sondern auch die Kneisterer, die sich die Flemmerei bedibbern. Wenn in der Bundesliga gepöhlt wird, schemmen bis zu 80 000 Kneisterer ins Stadion.

Aber es gibt auch Spiele, wo keine Kneisterer knispeln, klatschen und krakeelen. Zum Beispiel, wenn die Fans zu viel Randale gemacht haben, wenn sie mit Jack und Pyro gekokelt haben oder wenn sie auf den Rasen gepäst sind, so dass die Flemmerei abgebrochen werden musste. Dann müssen die Assemakeimer zur Strafe mal ganz ohne Fans und Kneisterer pöhlen.

Und vor einigen Jennikes gab es jede Menge Geisterspiele wegen der Corona-Malessen. Weil die Obermacker More hatten, dass sich die schoflen Viren im Gedränge stikum ausbreiten, durften nur die Assemakeimer, der Schiri, ein paar Vorstands-Macker sowie die Seegers und Kalinen vom Kneisterkasten oder der Tagesfleppe ins Stadion.

Für die Vereine war das hamel schofel. Denn wenn keine Kneisterer kommen, gibt's auch keine Knete. Außerdem ist es so, dass manche Assemakeimer ohne Fans gar nicht richtig auf Touren kommen. „Geisterspiele", so schmuste einer, „das ist Figineflemmen – wie Pöhlen ohne Pille."

Einige Vereine haben dann was ausbaldowert, wie sie auch ohne Kneisterer an Knete kamen. Sie haben Figinetickets verscherbelt. Die Fans haben für Tickets geblecht, obwohl es laulone was zu kneistern gab. Besonders mucker haben das mal die Assemakeimer in Dresden gemacht. Da wurden mehr Tickets verscheuert als es Plätze im Stadion gegeben hätte …

***Geisterspiele** sind Fußballspiele, die ohne Publikum stattfinden. Meist handelt es sich um Strafmaßnahmen, die der DFB nach Zuschauer-Ausschreitungen verhängt hat. Während der Corona-Pandemie wurden die Zuschauer zeitweise aus Sicherheitserwägungen ausgeschlossen.*

Geldautomat // Schotterschucker

Wie Zichten aus dem Fluppenautomaten

Von sowas haben die alten Masemattenfreier vermutlich geträumt: Dasse irgendwo einfach Schotter ziehen kannst wie Zichten aus dem Fluppenautomaten. Und heute gibt's sowas tatsächlich: Kisten, die Knete, Zaster oder Lowi ausspucken. Und sie schmusen sich Geldautomaten.

Allerdings hängen die Schotterschucker nicht einfach an einem Beis wie die Fluppenautomaten. Da müsste man doch More hegen, dass irgendwelche Boofken kommen und gleich die ganze Knetekiste schoren. Denn selbst die Schotterschucker, die vom Speismakeimer irgendwo eingebaut wurden, sind nicht sicher. Es kommt immer wieder vor, dass schofle Boofken solche Schotterschucker sprengen, tacko das Lowi einsacken und dann mit schummen Wuddis plete böschen.

Im Übrigen funktioniert so eine Knetekiste nicht wie ein Fluppenautomat. Also, dasse da einen Heiermann reinsteckst und dann kommen ein paar tofte Scheine raus. Du brauchst dafür eine kotene Fleppe. Und was besonders schofel ist: Der Schotterschucker spuckt nur dann Lowi aus, wennze vorher beim Balachesenbeis genug eingezahlt hast ...

*Ein **Geldautomat,** auch Bankomat genannt, ist ein Gerät, an dem man mit Hilfe seiner Bank- oder Kreditkarte und einer Geheimzahl (PIN) vom eigenen Konto Bargeld bis zu einer bestimmten Summe abheben kann.*

Gendergerechte Sprache // Faire Rakawele

Malocher*innen auch für außen?

Anim, Alsche, Ische, Kaline, Rackeli, Romdi, Schabo, Schickse, Töle – die Masematte hegt viele Wörter für die Kaline. Aber den Anims, die den Kalinismus ausbaldowert haben, reichte das nicht. Denn sie hatten gemuckert, dass trotzdem viele Kalinen in der Rakawele laulone stattfinden. Beispielsweise, wenn von den Schmarrern in einer Teewinde gelabert wird. Da wird nämlich nur die männliche, also die seegerliche Form von Schmarrern geschmonselt, obwohl in dem Chaulebeis auch viele Schmarrerinnen malochen.

Die Kalinistinnen moserten also, man müsse auch in der Rakawele muckern, wenn es um Kalinen gehe. Seitdem labern viele von Schmarrern und Schmarrerinnen, von Kowern und Kowerinen, von Malochern und Malocherinnen.

Manche fanden das lästig, vor allem beim Schreiben. Und deshalb haben einige ausklamüsert, wie man das kürzer und besser makeimen könnte. Etwa, indem man aus Schmarrern und Schmarrerinnen SchmarrerInnen macht – mit einem schummen „I“ in der Mitte. Oder mit Strichen, Punkten oder Sternchen. Das roint dann so aus: Schmarrer_innen, Schmarrer:innen oder Schmarrer*innen. Wobei das Sternchen, das sich Gendersterchen schmust, dann auch noch für die stehen soll, die weder Seegers noch Kalinen sind.

Aber beim Labern hasse mit den Strichen, Punkten oder Sternchen natürlich Malessen. Wie willste das schmusen? Und auch sonst ist das nicht ganz einfach. Da gab es zum Beispiel die Firma, die auf einem Plakat „neue Malocher*innen“ suchte. Und dann einen am Laberknochen hatte, der wissen wollte, ob sie auch Malocher für außen gebrauchen könnten …

Gendergerechte Sprache *ist die Bezeichnung für eine Ausdrucksweise, die die Gleichbehandlung von Frauen und Männern zum Ziel hat und außerdem auch die einbezieht, die sich nicht als Mann oder Frau sehen.*

Raffiniertes Roineisen

Wennze tofel wirst und nicht mehr so tofte kneistern kannst, dann musse zum Döppenschmarrer schemmen – damit der dir eine Kneisterschiene verschreibt.

Früher hättest du vermutlich gleich bes Kneisterschienen bewircht. Eine für die Ferne, damit du dibbern kannst, was auffe Strehle ambach ist. Und eine für die Nähe, damit du inne Tagesfleppe kneistern kannst. Oder in diese Masematte-Fleppe.

Aber dann haben die Döppenschmarrer eine Kneisterschiene ausklamüsert, mit der du alles tofte dibbern kannst – die Kneisterweiche. Die Döppenschmarrer schmusen das Ding Gleitsichtbrille. Wennze oben durch das Roineisen linst, kannze auffe Strehle jovel dibbern. Und wennze unten durch knispelst, dann kannze sogar den Kniest unter deinen Fingernägeln dibbern.

Man muss sich allerdings erst an das Dibbern mit der Kneisterweiche gewöhnen. Manche Schauter und Schicksen, so schmust man, bewirchen zu Beginn auch schon mal Scheropiene. Aber die kann auch davon kommen, dass sie die Rechnung gedibbert haben. Denn die Kneisterweiche ist hamel jackes.

*Eine **Gleitsichtbrille** ist quasi eine Kombination von Nah- und Fernbrille – mit speziellen Gläsern, die einen stufenlosen Übergang von der Nah- zur Fernsicht ermöglichen.*

Handy // Femy

Ein kotener Computer

Laberknochen gibt es schon seit vielen Jennikes – also solche Apparate, mit denen du mit Schautern oder Schicksen labern kannst, die gerade in einem anderen Beis, einem anderen Kaff oder einer anderen Bendine sind. Irgendwann sind diese Laberknochen immer kotener geworden, so koten, dass du sie inne Chatte packen kannst. Und dann haben Zerchen-Seeger auch noch ausklamüsert, dass die Dinger keine Strippe mehr brauchen.

Du kannst also mit den kotenen Laberknochen rumscherbeln – und wenn du mit einem labern willst, nimmst du das Ding einfach ausse Chatte und inne Hand. Und deshalb schmusen die Leute den Apparat Handy. Masemattenfreier nehmen das Ding natürlich in die Feme – und rakawelen deshalb vom Femy.

Mittlerweile kannze mit dem Femy nicht nur labern. Sondern auch Fotos makeimen, Kneisterbeis-Karten bicken, eine tofte Kaschemme suchen oder „Pünten versenken" spielen. Im Grunde ist so ein Femy, das die Zerchen-Seeger auch Smartphone schmusen, ein kotener Computer (dibber Seite 23).

Manchmal biste echt baff, was man mit einem Femy alles machen kann. Und manchmal denkste, die Leute können laulone was ohne Femy machen. Wennze mal mit dem Tralli fährst oder in einem Café einen Schokelamai pichelst, kannze es dibbern: Fast alle Schauter und Schicksen haben ein Femy inne Feme. Und wenn da mal einer sitzt mit ner Fleppe in der Feme, dann fragt sich schon so mancher, ob der wohl nicht genug Lowi für nen Femy hat ...

*Ein **Handy** ist ein Mobiltelefon, das man ortsunabhängig benutzen kann. Wenn es einen Touchscreen, Internetzugang und weitere Computer-Funktionen hat, spricht man von einem Smartphone.*

Wenn die Pumpe nicht burkt

Die Pumpe ist von all dem Gedöns, das du so im Balg hegst, das wohl wichtigste. Sie burkt 50 bis 100 Mal jede Minute, damit Mailach bis inne Feme und inne Mauken päsen kann. Wenn nicht, hasse Malessen. Und wenn die Pumpe mit Burken ganz aufhört, bisse mulo.

Doch irgendwann haben Schmarrer und andere Zerchen-Seeger ausbaldowert, wie man die Pumpe überlisten kann. Mit einem Apparat, der sich Herzschrittmacher schmust – also mit einem Ding, das dann, wenn die Pumpe schlapp macht oder keinen Bock mehr hat, makeimt, dass die Pumpe makeimt. Ein Pumpenmakeimer eben.

Inzwischen bewirchen hierzulande jedes Jahr zigtausend Schauter und Schicksen einen Pumpenmakeimer. Einen davon hat eine tofle Kaline aus einem Kaff im Münsterland bewircht. Nach der OP hat der Schmarrer ihr in der Teewinde verknickert, dass alles tofte verlaufen sei und dass sie schon bald mit der Leeze durchs Kaff juckeln könne. Da war die Alsche hamel baff. „Maschemau", rakawelte sie und schmergelte den Schmarrer dankbar an, „was so ein Pumpenmakeimer alles macht! Leezen fahren kann ich dann auch? Das hab ich ja noch nie gekonnt …"

Ein ***Herzschrittmacher*** *ist ein elektrischer Impulsgeber für den Herzmuskel. Das Gerät, das etwa die Größe eines Zwei-Euro-Stücks hat, wird meist eingesetzt bei Herzrhythmusstörungen, wenn der Herzschlag zu langsam erfolgt.*

High Heels // Stöckelmasminen

Machen sie schuckere Zomen?

Es gibt viele Kalinen, die eine Schwäche für Masminen hegen, sich immer wieder neue bicken und viel Lowi für die Maukenkowe schucken. Und es gab auch mal bes Kalinen, die sich sogar eine Macke vonne Mauken abgeburkt haben, um in schuckere Schuhe zu kommen – wie man aus der Geschichte vom „Aschen-Animchen" weiß. Trotzdem wundert sich so mancher Seeger, warum viele Anims ihre Mauken in Masminen stecken, die sich High Heels schmusen. Die sind hinten höher als vorne, die Sohle ist steil wie eine Kotenrutsche und die Hacke ruht auf einem Beschinenabsatz. Wer zum ersten Mal damit teilacht, muss damit rechnen, dass er sich auffe Schmiege legt. Und viele Knochenschmarrer warnen: Gesunde Masminen roinen anders aus.

Warum also tippeln so viele Anims mit solchen Stöckelmasminen herum? Manche rakawelen, die Kalinen werden dadurch ein bisschen größer. Andere labern, High Heels machen schuckere Zomen. Wieder andere schmusen, durch High Heels bewirche man einen toften Gang – den vor allem die Seegers hamel jovel finden. Und Theresa May, die vor einigen Jennikes mal Oberkaline der Tommies war, soll mal geschmonselt haben, sie könne in High Heels besser denken.

Keine Zerche, ob das stimmt. Aber manchmal macht es schon Jontef, den Anims beim Denken zuzudibbern …

*Als **High Heels** bezeichnet man Schuhe mit sehr hohen Absätzen. Im Alltag ist oft auch von Stilettos, Pumps oder Stöckelschuhen die Rede.*

Mau-Mau mit den Koten

Für Fememalocher, Lapanenmalocher und Speismakeimer taugt es laulone, wohl aber für die meisten Schero- und Schreibtischmalocher: Homeoffice – also, dasse im eigenen Beis malochst.

Manche Obermacker haben das schon vor Jennikes eingeführt, dass einige Malocher bei Beis schanägeln – vor allem, weil sie dann nicht immer neue Backs und Kabuffs bauen und beschollen müssen, wenn die Firma hamel Reibach macht, größer wird und deshalb neue Malocher braucht.

Und dann kam Corona, die fiese Seuche mit den miesen Mini-Viechern. Da hieß es, möglichst viele sollten bei Beis malochen, damit sie, wenn sie Corona-Malessen haben, ihre Viren nicht auch noch anderen Schautern und Schicksen inne Firma schucken.

Die Obermacker labern übrigens ganz unterschiedlich über die Beismaloche. Einerseits finden sie Beismaloche tofte, denn damit kann man Knete sparen, weil man weniger Kabuffs und weniger Chamine braucht. Andererseits hegt man natürlich keine Zerche, was die Seegers oder Kalinen bei der Beismaloche wirklich machen. Ob die für die Firma schanägeln oder ob sie mit ihren Koten Mau-Mau spielen ...

*Als **Homeoffice** bezeichnet man die Möglichkeit, den beruflichen Verpflichtungen im häuslichen Arbeitszimmer nachzukommen. Vor allem während der Corona-Krise wurde diese Möglichkeit viel genutzt und gefördert.*

Influencer // Figinenköster

Die Lauscher voll gelabert

Die Masemattenfreier, die anno Tobak die Geheimrakawele ausbaldowert haben, die kannten noch keine Schauter oder Schicksen, die man heutzutage Influencer schmust. Aber sie hätten schon ein Wort dafür gehabt: Figinenköster.

Influencer malochen im Internet (dibber Seite 55). Allerdings roint das nicht wirklich wie Maloche aus, was die mänglowieren. Und sie mänglowieren eigentlich auch nicht im Internet, sondern meistens bei Beis. Von dort aus labern sie ihren Fans, die sich hier Follower schmusen, übers Internet die Lauscher voll, schucken ihnen Tipps oder verkasemuckeln ihnen, wie man mucker oder schucker wird, wie man Schotter macht, welche Kowe man tragen oder welche Achile man frengeln sollte.

Oft sind es Anims, die den Figinenköster machen – oder, besser geschmust, die Figinenkaline. Da schmust beispielsweise eine, dass sie sich seit einiger Zeit mit einer jovlen Creme das Ponum poliert – und seitdem, wie ihre Macker sagen, hamel schucker ausroint. Und schon päsen womöglich Hunderte Ischen und Tölen in die Zitti, um sich diese Creme zu bicken – und schmieren sich die dann inne Schmiege. Leider wirkt die Creme nicht im Ponum – sondern nur auf dem Konto. Und das auch nur bei der Kaline, die als Influencerin rumlabert, denn die hat womöglich einen Vertrag mit der Creme-Firma – und kassiert lang Lowi für ihre Laberei.

Influencer *sind Personen, die im Internet bzw. in den sozialen Medien große Popularität genießen und zahlreiche Follower haben. Viele nutzen das, um bestimmte Produkte oder Themen zu bewerben – und lassen sich das entsprechend honorieren.*

Internet // Datentackostrehle

Boofken machen vieles kapores

Wenn dein Kumpel, der in Australien lebt, dir seine neue Kaline vorstellen will, du aber keine Knete hast, um mit dem Luftwuddi dahin zu düsen, wenn du mal in deinem Beis einen richtig jovlen Film dibbern willst, weil im Kneisterkasten nur Stuss läuft, wenn du schnell mal dibbern willst, wie viele Plätze in der Zitti im Wuddibeis noch frei sind – dann kannst du das alles mänglowieren, wenn du in einem Netz bist, das sich Internet schmust.

Über diese Datentackostrehle kannze deinen Computer (dibber Seite 23) mit allen anderen Computern auf der Welt verbinden – um mit anderen zu labern, Bilder zu verschicken, Knete zu verschieben, Klamotten zu bicken oder mit dem Figine-Luftwuddi übern Bildschirm zu päsen.

Wer aber jetzt denkt, das Internet ist sowas von jovel, der ist auf dem Kaschpatt. Da ist zum Beispiel das Gedöns, das sich E-Mail schmust. Weil irgendwelche Figinenköster E-Mail-Adressen sammeln oder schoren und dann verscherbeln, bewirchst du jede Menge Stuss-Mails. Da ist zum Beispiel die Werbung. Weil du mal im Internet nach der Größe für Unterkowe gedibbert hast, hegst du wochenlang Bräseplinten auf der Mattscheibe. Da sind zum Beispiel die Stussmänner, die meinen, sie könnten im Internet mal auf die Sahne dellen und einen Shitstorm (dibber Seite 79) entfachen. Und da sind schließlich die Boofken, die sich übers Internet in deinen Computer mogeln und da rummachen. Wennze Massel hast, sorgen sie nur für Brassel. Aber es gibt auch solche, die deinen Computer so mänglowieren, dass du laulone damit malochen kannst – und die dann Schotter dibbern wollen, damit er wieder richtig päst.

Es ist wie so oft im Leben: Muckere Macker oder Anims baldowern was Jovles aus – und dann kommen Boofken, Stussmänner oder Figinenköster und machen vieles kapores.

Das ***Internet*** *ist ein globaler Zusammenschluss von Netzwerken, der es ermöglicht, dass sich jeder Computer mit jedem anderen verbinden kann. Das erlaubt den weltweiten Austausch von Nachrichten und Informationen, Bildern und Videos.*

Kaffeevollautomat // Schokelamai-Vollmakeimer

Wenn der Automat den Kaffee auf hat …

Wennze einen toften Schokelamai picheln willst, brauchste Kaffeebohnen und heißes Pani. Und so'n Ding, mit dem man aus den Kaffeebohnen Kaffeemehl makeimen kann und das sich Mühle schmust.

So war das jedenfalls anno Tobak. Heute kannze den Schokelamai auch machen lassen. Von einem Schokelamai-Vollmakeimer.

Du burkst einfach ein paar Knöppe – und schon beginnt der Automat zu malochen. Und wenig später spuckt er dann einen Schokelamai aus. Oder einen kotenen Schokelamai, der sich Espresso schmust. Der Vollmakeimer kann auch Schokelamai mit Schaum-Tut, der sich Cappuccino schmust. Oder umgekehrt: Tut mit Schokelamai. Dann labern die Zerchen-Seeger von Latte macchiato.

Ein tofter Vollmakeimer muckert auch, wenn er beseibelt ist und macht sich stikum sauber. Und er schmust seinem Besitzer, wenn er keine Bohnen oder keine Tut mehr hegt. Und es dauert sicher nicht mehr lange, bis die Vollmakeimer auch gleich Nachschub beim Masematter ordern. Dann steht eines Morgens ein Wuddi vor deinem Beis und ein Seeger schmust: Ihr Vollmakeimer hat uns geschmust, dass er laulone Kaffee und Milch hegt.

Und noch ein paar Jennikes, dann steht plötzlich ein Seeger mit einem neuen Kaffeevollautomaten vor dem Beis und schmonselt: Ihr Vollmakeimer hat uns geschmust, dass Sie einen neuen Automaten brauchen. Er selbst habe den Kaffee auf …

*Ein **Kaffeevollautomat** ist eine Kaffeemaschine, die ein Mahlwerk enthält und die mehrere Kaffeevarianten (Café crème, Espresso, Cappuccino, Latte macchiato etc.) produzieren kann.*

Kiss and ride // Schumm und bösch

Mit dem Wuddi kurz halten

In vielen Käffern sind Wuddi-Parkplätze knapp, vor allem an den Scharetts. Wer nicht gleich in ein Wuddibeis böschen will, weil er dort lang Lowi beribbeln muss, der päst oft lange durch die Bendine, bis er an einer Strehle eine Parklücke gemuckert hat. Das macht vor allem dann brastig, wenn man nur tacko einen Seeger oder eine Kaline zum Scharett bringen will.

Wennze Massel hast, gibt's am Scharett eine Ecke, die sich Kiss-and-ride-Zone schmust. Da kannze mit deinem Wuddi kurz halten, deine Kaline rauslassen, ihr noch tacko einen Schumm schucken – und dann wieder losböschen.

Als Masemattenfreier Venti unlängst ein Anim aus seiner Firma zum Scharett brachte, fand er es hamel tofte, als er dort eine Schumm-und-bösch-Zone dibberte. Er hielt an, ließ die Kaline aus dem Wuddi – und war baff, als sie ihm tatsächlich einen kotenen Schumm ins Ponum drückte. Das fühlte sich hamel jovel an, zumal es sich um eine kurante Kaline handelte.

Allerdings hatte Venti dann leichtes Muffensausen vor der nächsten Fahrt zum Scharett: Der Obermacker von seiner Firma hat ihn gefragt, ob er ihn nicht zum Scharett fahren könne …

Kiss and ride *ist die Bezeichnung für eine Haltezone (beispielsweise an Bahnhöfen, Schulen oder Krankenhäusern), wo es Autofahrern gestattet ist, kurz anzuhalten und jemanden aussteigen zu lassen – und sich gegebenenfalls mit einem Kuss zu verabschieden.*

Klimakrise // Chaminemalessen

Mit den Mauken im Pani

Wenn es Winter ist, der Lorenz Kurzmaloche macht und du mit kalten Mauken bei Maimel durch die Bendine teilachst, dann denkste oft: Wenn doch endlich Sommer wär und der Lorenz für tofte Chamine sorgte.

Wovon viele keine Zerche hegen: Die Chamine kommt, es wird wärmer, und das nicht nur im Sommer. Zerchen-Seeger verknickern uns, dass es bes, kimmel oder gar dollar Grad wärmer wird. Aber wer jetzt denkt, das sei tofte, der ist auf dem Kaschpatt. Denn die Zerchen-Seeger rakawelen uns auch, dass wir mit der neuen Chamine hamel Malessen bewirchen. Sie schmusen das Klimakrise.

Und was das Schofelste ist: Wir haben uns die Schonte selbst eingebrockt. Weil wir zu viel Kohle und Erdöl verheizen, zu viel mit Wuddis rumpäsen oder sonstwie Schofelgase produzieren, wird aus der Erde so was wie ein Treibbeis – weil die Chamine, die der Lorenz mänglowiert, nicht mehr richtig plete böschen kann.

Die Folge: Das Wetter gibt sich nerbelo bis meschugge, immer häufiger dibbert man Jack im Wald, statt Wind päst schon mal ein Orkan durch die Käffer, es maimelt, als hätte einer ne Sintflut bestellt, die Gletscher böschen plete und der Meeresspiegel steigt, bis die Moffen (und später vielleicht auch wir) mitte Mauken im Pani stehen.

Dann doch lieber ein paar kalte Mauken im Winter …

***Klimakrise** ist ein Begriff, der die ökologischen, sozialen und politischen Folgen der globalen Erderwärmung verdeutlichen soll. Als Ursache gilt der von Menschen verursachte Ausstoß von Treibhausgasen, insbesondere von Kohlenstoffdioxid.*

Wie ein kochumer Seeger

Wennze wissen willst, was Künstliche Intelligenz ist, musse erstmal muckern, was Intelligenz ist. Also: Intelligent ist einer, wenn er nicht nur ausgefircht und kochum ist – sondern auch tacko muckert, wo es ein Problem gibt, und tacko ausbaldowern kann, wie es sich lösen lässt.

Und Künstliche Intelligenz ist, wenn man auch einem Computer (dibber Seite 23) so mänglowieren kann, dass er anschließend so mucker ist wie ein kochumer Seeger oder eine ausgefirchte Kaline. Man kann es auch so verklickern: Künstliche Intelligenz – oder Künstliches Muckertum, wie die Masemattenfreier schmusen – ist, wenn der Computer was labert oder tut, was er selbst ausbaldowert hat und was du ihm vorher so nicht eingebläut hast.

Also wenn der Computer dir eines Tages verkasematuckelt, er werde heute nicht malochen, weil er am Streiken sei („Wir malochen nur noch mit Öko-Strom!"), dann kannze davon ausgehen, dass das Künstliche Muckertum funktioniert hat.

Oder wenn er dir rakawelt: „Meine Kaline hat einen kotenen Chip bewircht, ich nehme ab jetzt meine Elternzeit."

Oder wenn er labert: „Nimm deine schoflen Femen von meine Tastatur, ich hab heute laulone Bock auf Maloche."

Künstliche Intelligenz *soll es einem Computer ermöglichen, menschliche Fähigkeiten wie logisches Denken, selbstständiges Lernen oder kreatives Handeln zu imitieren – und dadurch zu eigenständigen Problemlösungen und Entscheidungen zu gelangen.*

Nagelstudio // Krallenkabache

Kotene Plotten anne Feme

Ein Nagelstudio ist nicht, wie so mancher Seeger vielleicht denkt, ein Extra-Kabuff in einem Baumarkt, wo man mal ausbaldowern kann, mit welchem Mottek man welchen Zulemann am besten ins Holz burken kann.

Laulone, ein Nagelstudio ist vielmehr eine Kabache, in der sich Anims die Femen schucker machen lassen. Und dabei geht's nicht nur um das Gedöns, das kurante Kalinen gerne Maniküre schmusen. In der Krallenkabache kannze dir die Fingernägel in allen Farben makeimen lassen – und wennze genug Lowi hegst, kannze die auch gestreift, gepunktet oder kariert kriegen. Oder mit Glitzer, das ausroint, als wennze kotene Klunker auffe Feme hättest.

Manche Anims kommen mit Nägeln ausm Nagelstudio, die doppelt so lang sind wie vorher, und das roint aus, als wennze vorne kotene Plotten anne Griffel hättest. Maschemau, da fiele so mancher junge Adler vor Neid mulo vom Ast. Und als Seeger denkste, dasse mit so einer Kaline wirklich keinen Zoff haben möchtest.

Keine Zerche, ob es auch Macker gibt, die stikum mal inne Krallenkabache schemmen. Obwohl so mancher Seeger, wenn er irgendwo ein Klebeetikett abknibbeln musste, sicher mal gedacht hat, was wäre das jovel, wennze jetzt so'n richtig langen Fingernagel anne Feme hättest …

Im ***Nagelstudio*** *kann man sich die Fingernägel modellieren lassen. Das Leistungsspektrum reicht von der klassischen Maniküre bis hin zur künstlerischen Gestaltung mit Gel, Acryl oder Folien.*

Wo die Mispel lauert

Wennze früher mal mit der Leeze oder mit dem Wuddi in ein anderes Kaff juckeln wolltest und keine Zerche hattest, wo das ist, dann brauchtest du eine Fleppe, die sich Landkarte schmuste. Da konnteste kneistern, welche Strehlen zu welchen Käffern führen. Und im Wuddi war es meistens so, dass der Seeger am Lenker saß – und seine Kaline nebenan mit der Karte in der Feme. Die hat ihm dann verknickert, wo es lang geht – und oft genug hat er hinterher gemosert, ob es denn keine Strehle gegeben hätte, wo weniger Lapanenmalocher am Schanägeln waren.

Heute hasse in fast jedem Wuddi eine labernde Landkarte, die dir verknickert, wo du lang päsen sollst. Und die schmust sich Navi. Wennze genug Lowi hegst, kannze dir ein Navi bicken, bei dem du selbst entscheiden kannst, wie du belabert wirst – ob ein Seeger dir verkasematuckelt, wann du wo abbiegen sollst, oder ob eine Kaline dir schmust, dass du im Kreisverkehr die beste Ausfahrt nehmen sollst.

Egal, ob Kaline oder Seeger, beide rakawelen stets freundlich mit dir. Aber wenn du nicht tust, was das Navi dir verklickert, dann hört sich das schon mal etwas brastig an. Wenden Sie. Wenden Sie! Wenden Sie jetzt!!

Es gibt auch Navis, die dir nicht nur verkasematuckeln, wo welches Tempolimit (dibber Seite 88) gilt – sondern auch, wo die Mispel lauert, um die Tackobremse zu kontrollieren. Das spart eventuell hamel Lowi. Es sei denn, die Mispel muckert, dass deine Laberlandkarte sowas kann. Dann musse eventuell dafür blechen, dass du so eine muckere Laberlandkarte hegst.

Navis sind schon tofte. Aber trotzdem solltest du weiterhin mucker sein. Es hat schon Seegers gegeben, die dem Navi geschmust haben, in welches Kaff sie juckeln möchten – und erst ein paar hundert Kilometer später gemuckert haben, dass es offenbar mehrere Käffer mit dem gleichen Namen gibt. Und andere haben der labernden Landkarte so sehr vertraut, bis sie nasse Mauken hatten, weil sie in ein Pani gepäst sind …

Ein ***Navigationssystem*** *(kurz: Navi) ist ein technisches System, das dem Autofahrer mit Hilfe satellitengestützter Positionsbestimmung und digitaler Land- bzw. Straßenkarten den Weg zu einem bestimmten Ziel aufzeigt.*

Networking // Strippenzieher-Schickern

Mit Lowinen und Schabau

Wennze mit deinen Masematten hamel Reibach machen willst oder wennze auffe Maloche mal Obermacker oder Oberkaline werden willst, dann musse machen, was sich Networking schmust. Du schemmst also immer los, wenn irgendwo muckere Seegers und Kalinen sich treffen, setzt deine Schmergel-Schmiege auf, laberst mit diesem, schmust mit jenem und drückst allen deine Visitenfleppe inne Feme.

Und wennze dann mal einen schummen Auftrag bewirchst und einen muckeren Partner suchst, weil du die Maloche alleine laulone stemmen kannst, oder wenn du am Sonntag in deinem Beis plötzlich mitte Mauken im Pani stehst und dringend einen Löti brauchst, oder wennze inne Politik teilachen willst und ein paar Schauter oder Schicksen suchst, die dir Lowi für den Wahlkampf schucken – dann kannze tofte mit den Seegers und Kalinen labern, mit denen du genetworkt hast.

Aber von all dem neumodischen Kram, den man heutzutage im Malocherleben so dibbert, ist Networking etwas, wasse einem toflen Masemattenfreier nicht groß verkasematuckeln musst, weil er das tacko verkneisterfinkt. „Da hab ich hamel Zerche von", rakawelt Masemattenfreier Venti, „das haben die Masemattenfreier früher schon gemacht." Mittwochs in der „Kaschemme zur kuranten Kowerine", samstags im „Pichelbeis zum toften Kower". Stammtisch schmuste sich das, wo sich die Strippenzieher zum Schickern trafen. Da saßen der Oberbürgermacker, der Schmarrer, der Balachesenbeis-Boss, der Pillenmakeimer, der Auto-Verscherbeler – und meistens auch der Gallach – am Tisch. Und dann wurde mit Lowinen und Schabau genetworkt.

***Networking** ist der gezielte Auf- und Ausbau von persönlichen und beruflichen Kontakten bzw. Beziehungen – mit dem Ziel, ein soziales Netzwerk zu schaffen, auf das man bei Bedarf zurückgreifen kann.*

NORDIC WALKING // STÖCKE-SCHEMM

Mehr Muckis und Schmackes

Wennze die zum ersten Mal dibberst, dann denkste, die haben sich verirrt: Schauter und Schicksen, die ausroinen, als wenn sie Ski fahren wollten, aber du kannst weit und breit keinen Schnee und auch keine Skier dibbern. Sie teilachen mit ihren bes Stöcken einfach über die Strehle: tak, tak, tak. Und sie schmusen es Nordic Walking.

Für viele ist Nordic Walking eine Sportart. Und die, die mit den Stöcken durch die Bendine teilachen, die rakawelen, dass das hamel gesund sei, es bringe mehr Muckis und mehr Schmackes, als wennze ohne Stöcke schemmst. Oft roint es aber so aus, als wenn die Nordic-Schemmer die Stöcke nur einfach so hinter sich her schlören. Und da könnte man statt der Stöcke doch einfach auch nen Backmann inne Feme nehmen. Oder die Stöcke weglassen, weil man dann viel besser schemmen kann.

Und dann gibt es noch die Geschichte, dass der Stöcke-Schemm eigentlich von Marketing-Freiern ausbaldowert wurde. Die Obermacker einer Ski-Stock-Firma, so labert man, waren ziemlich brastig, weil sie ihre Stöcke nur im Winter verscherbeln konnten. Deshalb habe ein muckerer Seeger ausse Marketing-Abteilung ausklamüsert, man müsse den Schautern und Schicksen nur verkasematuckeln, dass sie beim Schemmen und Scherbeln auch im Sommer Stöcke mitnehmen sollen – und dann könnten sie das Sport schmusen.

Nordic Walking *– flottes Gehen oder Wandern mit Stöcken – gilt als Ausdauersportart. Es wurde aus dem Sommer-Training von Skiläufern entwickelt, der Begriff Nordic Walking existiert seit Ende des 20. Jahrhunderts.*

Outsourcing // Malochen-Export

Es geht fast immer um Knete

Es gibt viele Schauter und Schicksen, die ihre Maloche gerne von anderen machen lassen. Das fängt schon in der Penne an, wenn sie lieber abkneistern, statt den eigenen Schero zu bemühen. Das geht im Beis so weiter: „Kannze mal den Müll rausbringen, ich muss dringend Flemmerei im Kneisterkasten dibbern." Und das ist später auch auffe Maloche so: „Ich hab heut Scheropiene, kannze mal das Schanägeln übernehmen?"

Auch große Firmen tun das gerne. Nur schmust sich das da anders: Outsourcing.

Man kennt das vom Bau. Du hast einer Speismakeimer-Firma den Auftrag gegeben, dir ein Beis zu bauen. Und plötzlich dibberst du da Wuddis und Lapanenmalocher von ganz anderen Firmen. Der Obermacker von den Speismakeimern labert dann gerne von Subunternehmen.

Und nix anderes passiert, wenn Firmen einen Teil der Maloche auslagern. Du denkst, du bewirchst tofte Maloche „Makeimt in Münsterland" – und in Wirklichkeit wurde vieles von Seegers oder Kalinen gemacht, die nicht mal eine Zerche haben, wo das Münsterland überhaupt liegt.

Warum die Firmen Maloche exportieren? Es geht fast immer um Knete. Weil die Malocher in anderen Bendinen weniger bewirchen, ist das für die Firma besolter – und sie macht mehr Reibach.

Der Malochen-Export lässt sich mit fast allen Abteilungen mänglowieren. Nur eine Abteilung wurde noch nie outgesourct, obwohl da die schummste Bewirche geblecht wird und man deshalb da hamel Knete sparen könnte: die Obermacker-Etage.

*Von **Outsourcing** spricht man, wenn ein Unternehmen bestimmte Leistungen, Produktionsschritte oder Abteilungen auslagert und die Arbeit von anderen Unternehmen erledigen lässt – meistens, um Kosten zu sparen.*

Piercing // Burking

Wenn der Zinken läuft …

Es hat schon immer Seegers und Kalinen gegeben, die sich Draht durch den Zinken, die Lauscher oder andere Balgteile geburkt haben. Vermutlich, weil sie meinten, dass das schucker ausroint. Vielleicht auch, weil sie More hatten, dass ihnen solcher Schmuck sonst geschort werden könnte. Aber das waren meist Seegers und Kalinen von Mischpoken, bei denen die Zerchen-Seeger von Naturvölkern labern. Erst seit 40 oder 50 Jennikes kannze das auch hier inne Bendine dibbern. Und seitdem schmust sich das Piercing. Oder Burking, wie die Masemattenfreier labern würden.

Auch heute wird gerne in den Lauschern oder am Zinken geburkt, manche lassen sich eine Kugel oder einen Zulemann in die Gosche oder an den Wampennabel makeimen, andere lieber einen Bassel durch die Körningwarze. Und manche Schauter und Schicksen sind auch an Stellen geburkt, über die man hier lieber nicht labern möchte. Keine Zerche, wieviel Metall in so mancher Bräseplinte verkalibort ist ...

Ob das alles tofte ausroint, darüber kann man natürlich zoffen. Aber als tofler Masemattenfreier fragt man sich doch: Was ist eigentlich mit dem Nasenbassel, wenn der Zinken läuft?

***Piercing** nennt man das Durchstechen bzw. Durchbohren bestimmter Körperteile (beispielsweise Ohrläppchen, Augenbrauen, Lippe, Zunge, Bauchnabel oder Brustwarze), um dort Schmuck anzubringen.*

Recycling // Tonnenbrassel

Plastikfinnen und Elefantenschonte

Müll schmust sich das, was die Schauter und Schicksen so wegschmeißen. Und sie schmeißen viel zu viel weg, schmonseln die Zerchen-Seeger. Einerseits, weil es lang Lowi kostet, den Müll zu beseitigen – denn man kann ja nicht alles auf den Monte Scherbelino in Coerde kippen. Und andererseits, weil vieles von dem, was da auf dem Müll landet, nicht nur noch brauchbar, sondern sogar jackes ist. Und deshalb haben die Zerchen-Seegers was ausbaldowert, das sich Recycling schmust. Viele Ischen und Macker labern aber eher von Tonnenbrassel.

Denn Recycling funktioniert nur, wenn das Zeug, das man noch gebrauchen will, nicht zu sehr beseibelt ist. Wenn die Sachen erst mit Matrelenschalen und machullten Mäusen, Keilof-Schonte und anderem Kniest in einer Tonne waren, dann ist es schwierig, die Wertstoffe da rauszufriemeln. Deshalb gibt es das, was sich Mülltrennung schmust.

Und an der Mülltrennung müssen alle Schauter und Schicksen schon mitmachen. Die haben deshalb alle dollar Mülltonnen vorm Beis stehen. Und das macht vielen hamel Malessen.

Zum einen, weil sie keine Zerche hegen, wo sie die Tonnen lassen sollen. Stehen sie vor dem Beis, wird‘s eng auf dem Bürgersteig – und wenn der Lorenz knallt, zirocht es auch noch. Stehen sie in der Garage, passt der Wuddi nicht mehr rein.

Zum anderen, weil sie mitunter keine Zerche hegen, was in welche Tonne gehört. Sicher, wennze alte Matrelenschalen inne Feme hast, weißte gleich, dasse die in die Biotonne schmeißen kannst. Und die Tagesfleppe von letzte Woche gehört in die Papiertonne. Aber was ist mit Masminen oder Leezenreifen?

Aber was beim Recycling hinten rauskommt, ist schon tofte. Da werden aus Plastikfinnen Plinten, aus Leezenschläuchen Chatten und aus Wuddireifen Masminen. Und aus Elefantenschonte, kein Jontef, kannze Papier mänglowieren …

***Recycling** bezeichnet die Wiederaufbereitung oder Wiederverwertung von Stoffen, die als Abfall entsorgt wurden.*

SCHULDENBREMSE // MALMENSTOPP

„Tu's aufn Deckel"

So mancher Masemattenfreier kennt das: Du willst abends vorm Poofen noch tacko olf oder bes Lowinen picheln und schemmst in deine Stammkaschemme. Am Tresen stehen schon ein paar Kumpels, man labert und rakawelt, eine Lowine gibt die andere, und zwischendurch passt immer noch ein Quinie. Als du am Ende die Zeche beribbeln sollst, musse muckern, dass das Schickermoos, das du inne Chatte hast, laulone reicht. Und so schmust du dem Kower mal wieder „Tu's aufn Deckel".

Inzwischen hast du in deiner Stammkaschemme schon einen schummen Deckel und hamel einen auffe Malme. Und irgendwann rakawelt der Kower, jetzt wär Malmenstopp. Bevor er noch was auf den Deckel tut, so schmust er, möchte er erst mal dibbern, ob du auffe Maloche auch genug Knete bewirchst, dass du die Malme irgendwann auch mal beribbeln kannst.

Und so ähnlich steht das auch in der Fleppe, die sich Grundgesetz schmust. Nur dass das nicht für eine Kaschemme gilt, sondern für die ganze deutsche Bendine – und es schmust sich da auch nicht Malmenstopp, sondern Schuldenbremse.

*Als **Schuldenbremse** wird eine im Grundgesetz verankerte Regelung bezeichnet, die die Verschuldung von Bund und Ländern eindämmen soll und die die Aufnahme neuer Kredite nur bis zu einer bestimmten Höhe erlaubt.*

SHITSTORM // SCHONTE-ORKAN

Krakeelen und schandudeln

Wenn dir mal aus Versehen die Schonte von deinem Keilof, die du gerade inne Tüte packen wolltest, ausse Feme fällt und im Miefquirl landet – dann hegste eine Zerche, was ein Shitstorm ist. Allerdings wird beim Shitstorm keine Keilof-Schonte verquirlt, sondern verbale Schonte. Denn Shitstorms finden im Internet (dibber Seite 55) statt.

Wenn früher einer was zu mosern hatte, hat er abends am Stammtisch in der Kaschemme gebölkt und schandudelt und hamel auffe Sahne gedellt – und das war's. Da hat sich doch keiner aufn Tokus gesetzt und nen Brief mänglowiert. Aber heute, wo es das Internet gibt, schemmen viele gleich an ihren Computer (dibber Seite 23) und dellen brastig auf die Tasten.

Keine Zerche, warum viele Figinenköster und Stussmänner dabei so gerne krakeelen, schandudeln und zoffen, andere beseibeln und bedrohen. Es kann doch keinen Jontef machen, so viel Stuss und Tinnef, Zoff und Schonte zu produzieren. Wäre doch viel leichter, mal was Toftes zu posten. Statt Schonte-Orkan mal Jovel-Wind …

***Shitstorm** nennt sich ein Sturm der Entrüstung und Kritik, der im Internet, das heißt vor allem in den sozialen Medien, entsteht – und der sich größtenteils in aggressiven, beleidigenden und bedrohenden Äußerungen entlädt.*

Mit den Mauken den Wuddi getreten

Social Distancing – das war ein Begriff, den nur Schmarrer und Zerchen-Seeger kannten. Bis Corona kam, die schofle Seuche mit den kotenen Viechern, die sich Viren schmusen. Da wurde allen verkasematuckelt, dass Social Distancing hamel wichtig ist. Immer tofte Abstand halten. Denn man hegt ja keine Zerche, wie weit die Viecher springen können, um die Corona-Malessen von einem zum anderen zu bugsieren.

Da war nix mehr mit nabbeln, techtelmechteln und Klammerschwof. Laulone mit Schickern in vollen Kaschemmen, in den Tralli durfte man nur noch mit Goschenpulli und Zinkenfilter, und aus der Flemmerei wurden Geisterspiele (dibber Seite 42).

Übrigens gilt Social Distancing auch im Verkehr, also auffe Strehle. Das musste unlängst ein Leezenlenker muckern, als er von einem Wuddi überholt wurde. Der Wuddi päste so eng an ihm vorbei, dass er fast vonne Leeze gefallen wäre. Deshalb war der Knetemann-Macker so brastig, dass er mit den Mauken trat – und zwar gegen die Wuddi-Tür. Sofort sprang der Seeger aus dem Wuddi und fing an zu schandudeln. Und obwohl anne Wuddi-Tür laulone was zu dibbern war, wollte er unbedingt die Mispel holen. „Kannze machen", rakawelte der Leezenlenker, „aber hasse mal was von Social Distancing gemuckert?" Wenn er mit den Mauken gegen die Wuddi-Tür treten konnte, so laberte er, dann habe der Wuddi-Seeger laulone genug Abstand gehalten – und dafür müsse er dann womöglich lang Lowi blechen!

Social Distancing *ist eine Empfehlung bzw. Maßnahme, um die Ausbreitung von ansteckenden Krankheiten zu verhindern oder zu bremsen. Es geht darum, große Menschenansammlungen zu meiden und Abstand zu halten.*

Solartechnik // Lorenzer

Wie kommt der Lorenz in die Steckdose?

Früher haben Seegers und Kalinen Jack gemacht, wenn sie für die Achile eine Macke Bose braten wollten oder wenn sie ein bisschen Chamine inne Kabache brauchten. Erst haben sie Kasch verfeuert, dann Kohle, später vor allem das Zeug, das sich Erdöl und Erdgas schmust.

Irgendwann haben sie dann gemuckert, dass das nicht gut für das Klima ist (dibber Seite 61), weil dabei Schofelgase entstehen. Außerdem musse für das Zeug lang Lowi berappen. Und dann ist es noch so, dass es Öl und Gas nicht ewig gibt, irgendwann sind alle Vorräte plete geböscht.

Also hat man ausbaldowert, dass man doch auch den Lorenz für sich malochen lassen könnte. Denn die Zerchen-Seeger wissen, dass der hamel viel Schmackes und Chamine hegt. Aber wie kann man den Lorenz ins Beis locken, damit er dort für warmes Pani oder für tofte Chamine sorgt? Und wie kriegt man ihn in die Steckdose?

Dafür haben die Zerchen-Seeger einen Lorenzer ausklamüsert, der Sonnenkollektor geschmust wird, weil er Sonnenstrahlen sammelt und daraus Chamine macht. Und einen Lorenzer, den man Solarzelle schmust, der den Lorenz gleich in die Steckdose umleitet.

Inzwischen funktionieren die Lorenzer hamel tofte. Und demnächst muss wohl auch Klara ran. Keine Zerche, wer Klara ist? Das ist die Kaline vom Lorenz …

Die **Solartechnik** *ist ein Verfahren, um die Energie der Sonne zu nutzen. Das geht zum Beispiel mit Hilfe von Solarzellen, die das Sonnenlicht in elektrische Energie umwandeln. Oder mit Sonnenkollektoren, die aus den Sonnenstrahlen Wärme gewinnen, die in der Regel zur Warmwasserbereitung oder zu Heizzwecken verwendet wird.*

Dicke Döppen, hamel Husten

Du stehst in einer Kaschemme am Tresen und pichelst dir geruhsam ein paar Lowinen. Dann schemmt plötzlich ein Seeger in die Pinte und stellt sich direkt neben dich. Und du dibberst gleich, was ambach ist: dicke Döppen, laufender Zinken und hamel Husten. Der Seeger schmust dir irgendwelche Geschichten, die du gar nicht hören willst. Und du muckerst, dass mit jedem Wort auch eine ganze Menge von den kotenen Viechern, die sich Viren, Bazillen oder Bakterien schmusen, in deinem Ponum landet. Du beribbelst deine Lowinen und schemmst nach Beis.

Zu spät. Am anderen Morgen liegst du in der Poofe: dicke Döppen, laufender Zinken, hamel Husten. Und als du später zum Pillenmakeimer teilachst, triffst du da den Kower. Und, maschemau, er hat es auch: dicke Döppen, laufender Zinken, hamel Husten.

Sowas passiert immer wieder. Denn darin sind Bazillen und die anderen Viecher hamel mucker – dass sie tacko von einer Schmiege zur anderen päsen und sich dann in den Döppen, im Zinken oder in der Strotte festsetzen. Und besonders jovel geht das beim lauten Labern, beim Schallern und beim Schwofen. Und wenn einer – wie das schon mal bei Corona passiert ist – auf einer Fete gleich eine halbe Kaschemme oder gar ein halbes Kaff ansteckt, dann schmusen die Zerchen-Seeger den Bazillenfreier auch schon mal Superspreader.

Ein ***Superspreader*** *ist eine mit einer Krankheit infizierte Person, die die Viren an überdurchschnittlich viele Menschen weitergibt. Besonders bekannt wurde der Begriff durch die Corona-Pandemie.*

SUV // Schummwuddi

Der Kalinenpanzer

Hasse schon mal gemuckert, dass auch Wuddis wachsen? Is so. Sie werden immer schummer. Wenn ein Wuddi-Werk einem seiner Wuddi-Typen ein neues Ponum verpasst, wird er zugleich ein bisschen breiter und länger. Der Motor bewircht mehr Schmackes, die Zahl der Zossenstärken nimmt zu. Außerdem bewircht der Wuddi mehr Komfort – mal sind es elektrische Finetenheber, mal eine Tokus-Heizung oder ein Luftsack, der sich Airbag schmust. Natürlich musse dann auch mehr beribbeln, wennze so einen Wuddi bicken willst.

Und dann haben die Wuddi-Makeimer irgendwann einen Wuddi ausbaldowert, der nicht nur breiter und länger ausroint, sondern auch noch höher ist. Er schmust sich SUV. Viele haben Schmackes auf allen dollar Rädern, da kannze auch mit durch die Pampa päsen. Obwohl die meisten, die sich so einen Wuddi bicken, nie inne Pampa wollen, sondern nur im Kaff und auf Strehlen rumjuckeln. Und wenn dann noch ein Anim am Lenker sitzt und mit dem Schummwuddi zum Shoppen juckelt, labern manche Seegers auch schon mal vom Kalinenpanzer.

Wennze so durch die Bendine juckelst, ist so ein SUV ganz tofte. Aber inne Zitti, wo es eng ist, da bewirchste schon mal Malessen. Und erst recht im Wuddibeis, vor allem, wenn das makeimt wurde, als die Beismakeimer noch keine Zerche von den Schummwuddis hatten und die Parkplätze ziemlich koten sind. Seegers, die ne schumme Wampe hegen, kommen da kaum noch aus dem Wuddi raus.

*Ein **SUV** (Sport Utility Vehicle) ist ein Personenwagen, der auch als Geländelimousine oder Stadtgeländewagen bezeichnet wird und oft über einen Allradantrieb verfügt. Ursprünglich war er auch für Jäger und Angler gedacht, die viel Ausrüstung unterbringen und auch mal durch unwegsames Gelände fahren müssen.*

Tempolimit // Tackobremse

Viel Brassel und keine Fleppe mehr

Nachdem die Zerchen-Seeger irgendwann ausbaldowert hatten, wie man einen Wuddi mänglowiert, haben sie hamel schanägelt, um ihm immer mehr Schmackes zu schucken – damit man möglichst tacko damit päsen kann. Aber als es endlich so weit war, dass die Wuddis tacko wie ein Tralli durch die Bendine pästen, da bewirchten manche Muffensausen, ob das nicht zu gefährlich sei. Und ob man nicht doch ein Tempolimit brauche.

Seitdem gibt es Tackobremsen – vor allem in den Käffern, wo die Gefahr am größten ist, dass ein Wuddi mit einem Leezenlenker oder einem Maukenschemmer zusammenstößt. In vielen Käffern darf man nur noch so schnell päsen, wie ein Leezenlenker, der tacko unterwegs ist – das schmust sich Tempo-30-Zone. Seit einer Weile wird auch darüber gelabert, ob man auf den Tackostrehlen, die ja eigentlich extra makeimt wurden, damit man tacko von einem Kaff zum anderen päsen kann, solche Tackobremsen einrichten sollte. Nicht nur wegen der Gefahr, sondern auch wegen dem Klimawandel (dibber Seite 61). Weil die Wuddis mehr Sprit schlucken und mehr Schofelgase produzieren, wenn sie mit Karacho durch die Bendine düsen.

Inzwischen wurden an vielen Strehlen Schilder für die Tackobremse aufgestellt. Und die Mispel hat Apparate makeimt, mit denen man muckern kann, wie tacko so ein Wuddi unterwegs ist. Und wenn der Schachani dann dibbert, dasse zu schnell gepäst bist, dann bewirchste hamel Brassel und musst lang Lowi beribbeln. Und oft ist auch die Fleppe weg.

Dann hasse automatisch Tempolimit – weil du nur noch mitte Leeze juckeln darfst.

Tempolimit *ist ein umgangssprachlicher Begriff für die zulässige Höchstgeschwindigkeit im Straßenverkehr. Innerhalb von Ortschaften gilt ein Tempolimit von 50 Stundenkilometern, vielfach ist auch nur Tempo 30 erlaubt. In letzter Zeit wurde überdies viel über ein Tempolimit auf Autobahnen diskutiert.*

Brast am Montagmorgen

Wenn man einen Computer (dibber Seite 23) gebickt hat, kann man laulone gleich damit malochen. Denn erst muss dem Ding verknickert werden, was es makeimen kann und soll. Die Zerchen-Seegers schmusen das Software.

Die Software schmust sich so, weil sie so soft ist, dass man sie tofte verändern kann. Und das wird immer mal wieder mänglowiert. Mal hat einer gemuckert, dass die Software ein Loch hat, durch das Boofken stikum in die Computer scherbeln können. Mal hat sich ein Obermacker überlegt, dass einiges doch ganz anderes ausroinen sollte. Und mal haben Zerchen-Seeger ausklamüsert, wie man den Computer noch tofter oder schneller machen könnte. Und wenn die Software dann aufgemotzt wird, schmust man das Update.

In den Büros ist es meistens so, dass solche Updates am Wochenende mänglowiert werden, wenn alle Schauter und Schicksen bei Beis und die Computer nicht am Päsen sind. Wenn die Schreibtischmalocher dann am Montagmorgen wieder zur Maloche schemmen und ihren Computer anschmeißen, bewirchen sie nicht selten erst mal die Krise und werden dann hamel brastig. Alles roint ein bisschen anders aus und die Software macht Hallas. Denn oft genug haben die Update-Seegers bei der Sonntagsmaloche kimmel Malessen beseitigt und dollar neue makeimt.

*Von einem **Update** spricht man, wenn die Software in einem Computer überarbeitet oder aktualisiert wird.*

VEGETARIER // BOSELAULONEACHILER

Mett im Ratbeis

Schauter und Schicksen, die laulone Bose achilen, hat es schon immer gegeben. Manche taten das, weil sie meinten, das sei tofte für ihren Balg. Andere fanden es nicht richtig, Beheime für Achile zu machullen. Und es gab auch solche, die einfach nicht genug Lowi hatten, um beim Katzow Bose zu bicken.

In den letzten Jennikes hat die Zahl der Boselauloneachiler zugenommen. Und auch Politik-Hegels haben das Thema entdeckt, vor allem die von der Politik-Mischpoke, die sich Grüne schmust. Wer wenig Bose achilt, wird nicht so schumm, rakawelen sie. Das sei tofte für die Chaulenkasse. Und Boselauloneachiler seien auch tofte fürs Klima. Weil Kohlrabi und Mispelfinger nicht so viel Schofelgase produzieren wie Poren und Schassörkes.

Die Grünen in Münster böschten vorneweg. Mit dem Antrag, das Kaff solle einen vegetarischen Donnerstag mänglowieren, der sich Veggie-Day schmust. An diesem Tag sollten die Seegers und Kalinen in Münster möglichst keine Bose frengeln. Im Ratbeis wurde darüber lange gelabert und gezofft. Der Osnik teilachte schon gen Mitternacht, da konnte man noch immer kein Ende dibbern. Viele Ratsseegers und Ratskalinen spürten schon hamel Roof und Brand, weil sie wussten, dass es nach der Sitzung noch was zu achilen und zu picheln gab. Und schließlich muckerte es auch der Oberbürgermacker – der dann versuchte, die Laberei zu beenden, indem er verkasematuckelte, wenn man noch länger labere, dann vergammelten die Knirften mit Mett.

So kam es, dass im münsterischen Ratbeis ein paar Mett-Knirftchen die Veggie-Debatte beendeten …

Vegetarier *sind Menschen, die sich ohne Fleisch und Fisch ernähren. Umfragen und Schätzungen zufolge trifft das auf fast zehn Prozent der Bevölkerung zu.*

WINDRAD // WINDQUIRL

Höher als die Tifteltürme

Seegers mit Zerche haben schon immer versucht, den Schmackes von Wind und Sturm zu nutzen. Früher makeimten sie Backs, die sich Windmühlen schmusten. Und dann haben sie was ausbaldowert, was sich Windrad schmust. Oder Windkraftanlage.

Diese roinen aus wie ein Miefquirl, sind aber viel, viel schummer – und höher noch als die Tifteltürme. Sowas wäre früher ja gar nicht gegangen, da hätten die Obergallachs hamel Hallas gemacht, wenn einer was gebaut hätte, das höher ist als ihre Tifteltürme. Die neuen Windmühlen, äh Windräder, baut man übrigens nicht mehr, um was zu mahlen, sondern um damit Strom zu makeimen – also das Zeug, das bei uns im Beis ausse Steckdose kommt.

So mancher Knäbbel hat inzwischen auf seinem Acker so ein Windrad gebaut. Und während er früher hamel brastig war, wenn ihm bei der Maloche der Sturm ins Ponum blies, schmergelt er sich heute einen. Weil er weiß, dass seine Windleeze dann hamel Strom mänglowiert – und lang Lowi.

Schade ist nur, dass die Windquirle nicht auch mit Shitstorm (dibber Seite 79) funktionieren. Das wär doch mal was, wenn man aus solcher Schonte Schotter machen könnte …

***Windrad** ist die umgangssprachliche Bezeichnung für eine Windkraftanlage. Windräder dienen der Stromerzeugung und sind mittlerweile der wichtigste Faktor im Bereich der erneuerbaren Energien.*

Glossar

Von A bis Z

Die Masematte hat nur einen überschaubaren Wortschatz. Wer Geschichten erzählen will, gerät da schnell an seine Grenzen. Deshalb enthält dieses Glossar auch zahlreiche (meist zusammengesetzte) Wörter, die in den letzten Jahrzehnten neu „erfunden“ wurden.

A

abkneistern	abgucken, spicken
Achile	Essen
Achilebeis	Restaurant
achilen	essen
Alsche	Frau
ambach	los, hier, da, dabei
Anim	Frau, Mädchen
Asse	Ball
Assemakeimer	Fußballspieler
ausbaldowern	erkunden, ausdenken, erfinden
ausgefircht	ausgeschlafen, clever
ausklamüsern	ausdenken, herausfinden
ausroinen	aussehen

B

Backmann	Stein
Backs	Haus, Gebäude
baff	erstaunt, verwundert, sprachlos

Balachesen	Geld
Balachesenbeis	Geldhaus, Bank
Balg	Leib, Körper
Bassel	Ring
bechern	trinken, saufen
Beheime	Vieh
Beis	Haus, Zuhause
belabern	besprechen, beratschlagen, überreden
Bendine	Gegend, Land
beribbeln	bezahlen
bes	zwei
Beschine	Pfennig
Beschinenabsatz	Pfennigabsatz
beschollen	bezahlen
beseibeln	beschmutzen, betrügen
besolt	billig
Bewirche	Lohn, Verdienst, Geschenk
bewirchen	bekommen, erhalten
Bezinnum	Wurst
Bickbeis	Kaufhaus
bicken	kaufen, einkaufen
blechen	bezahlen
bölken	rufen, schreien
Boofke	Ganove
böschen	gehen, laufen, fahren
Bose	Fleisch
Brand	Durst
Bräse	Toilette, Klo
Bräseplinte	Unterhose
Brassel	Ärger, Trubel, Stress
Brast	Ärger
brastig	ärgerlich, wütend
Bunke	Ganove
burken	drücken, schneiden, stechen, schlagen

C

Chamine ... Wärme, Hitze
chamm ... warm, heiß
Chatte ... Tasche
chaule ... krank
Chaulebeis ... Krankenhaus
Chaulekasse ... Krankenkasse

D

dibbern ... sehen, gucken
Dickbalg ... Reicher
dollar ... vier
Doppelschero ... Doppelkopp
Döppen ... Augen
Döppenschmarrer ... Augenarzt

F

Feme ... Hand
Fememalocher ... Handwerker
Figine ... Angeberei, Täuschung, Schau, Theater
Figinenköster ... Angeber, Aufschneider, Betrüger
Finete ... Fenster
Finne ... Flasche
Firche ... Bett
firchen ... schlafen
flemmen ... Fußball spielen
flennen ... weinen
Fleppe ... Papier, Führerschein, Zeitung, Buch
Fleppenladen ... Buchhandlung
Fluppe ... Zigarette
Freier ... Mann, Kerl
frengeln ... essen
friemeln ... fummeln
Funzel ... Licht, Lampe, Laterne

G

Gallach .... Priester, Geistlicher
Gannef .... Ganove, Dieb
gasseln .... heiraten
göbeln .... sich erbrechen
Gosche .... Mund
Goschenpulli .... Schutzmaske
Griffel .... Finger

H

Hallas .... Krach, Ärger, Unruhe
hamel .... viel, sehr, groß
Hegel .... Mann
hegen .... haben, besitzen
hei .... fünf
Heiermann .... Fünfmarkstück
Heiers .... Zähne

I

Ische .... Mädchen, Frau

J

Jack .... Feuer, Brand
jackes .... teuer
Jennikes .... Jahre
Jontef .... Spaß, Scherz, Freude
jovel .... gut, schön
juckeln .... fahren
Juhlepani .... Abwasser, Schmutzwasser

K

Kabache .... Hütte, altes Haus, Raum
Kabuff .... Raum, Zimmer, Stall
Kaff .... Dorf, Siedlung, Stadt

Kaffplaner . . . . Stadtplaner
Kaline. . . . . Frau
Kalinismus. . . . . Feminismus
Kamangeri . . . . Schießeisen
kapores. . . . . .kaputt, entzwei
Karacho . . . . Schwung
Karo . . . . Brot, Butterbrot
Karomakeimer . . . . Bäcker
Kasch . . . . Holz, Baum
Kaschemme. . . . . .Kneipe, Gaststätte, Wirtschaft
Kaschpatt . . . . Holzweg
Katzow . . . . Metzger, Fleischer
Keilof . . . . Hund
Ker . . . . Haus, Gegend, Stadtviertel
kimmel. . . . . drei
kindigen. . . . . kaufen, einkaufen
klamm . . . . knapp, eng
Klamotten . . . . Kleider, Sachen
Klara. . . . . Sonne
Knäbbel . . . . .Bauer, Landwirt
Kneisterbeis. . . . . Kino
Kneisterer . . . . .Zuschauer
kneistern . . . . sehen, gucken, betrachten
Knete . . . . .Geld
Knetemann . . . . Fahrrad
Kniest. Ärger, Streit, Dreck, Schmutz
Knirftchen . . . . Brötchen
Knirfte . . . . Brot, Butterbrot
knispeln . . . . sehen, gucken
Knochenschmarrer. . . . . Orthopäde
kochum . . . . .klug, gescheit, clever
Körning . . . . .Busen, Brust
Koten . . . . Kind
koten . . . . klein

Kotenbeis .... Kinderhaus (Stadtteil von Münster)
Kowe .... Kleidung
Kower........................... Wirt, Kellner
Kowerine .... Wirtin, Kellnerin
krakeelen .... schreien, streiten, schimpfen
kurant........................ hübsch, gut aussehend
Kurzmaloche......................... Kurzarbeit

L

Laberkasten .... Radio
Laberknochen .... Telefon
labern .... reden, erzählen
Lapane .... Schüppe, Schaufel
Lapanenmalocher...................... Bauarbeiter
lau .... nichts, nein, kein
laulone .... nicht, nichts, nein
Lauscher .... Ohr
Leeze................................ Fahrrad
linsen .... sehen, gucken
Lorenz .... Sonne
Löti .... Klempner, Installateur
Lowi .... Geld
Lowine .... Bier
Luftwuddi .... Flugzeug

M

machulle .... tot, kaputt
machullen .... verletzen, töten
Machullenpoofbeis .... Leichenschauhaus
Macke .... Stück, Teil
Macker .... Mann, Kerl
Mailach .... Blut
Mailachprobe .... Blutprobe
Maimel................................ Regen

maimeln ... regnen, pinkeln
makeimen ... machen, arbeiten, schlagen
Malessen ... Probleme, Beschwerden
Malme ... Schulden
Maloche ... Arbeit
malochen ... arbeiten
Malocher ... Arbeiter
Malocherker ... Arbeiterviertel
mänglowieren ... herstellen, organisieren, bewerkstelligen
Maschemau ... Donnerwetter (Ausruf des Erstaunens)
Masematte ... Handel, Geschäft
Masemattenfleppe ... Masemattebuch
Masemattenfreier ... Händler, Gewerbetreibender
Masemattenfreier ... Masematte-Sprecher
Masematter ... Händler, Kaufmann
Masmimen ... Schuhe
Massel ... Glück
Matrele ... Kartoffel
Mauken ... Füße
Maukenkowe ... Fußbekleidung
Maukenschemmer ... Fußgänger
meschugge ... verrückt
miefen ... riechen, stinken
Miefquirl ... Ventilator
miegen ... pinkeln, regnen
mies ... schlecht
Millionenviertel ... Pluggendorf (Stadtviertel von Münster)
Mischpoke ... Verwandtschaft, Sippe, Gesellschaft
Mispel ... Polizei
Mispelfinger ... Möhre
Moffen ... Holländer
Monte Scherbelino ... Mülldeponie
Moos ... Geld
More ... Angst, Sorge

Mottek .... Hammer
mucker .... klug, schlau, aufmerksam
muckern.................... merken, bemerken, verstehen
Muffe .... Angst, Sorge
Muffensausen .... Angst, Sorge
mulo .... tot, kaputt

N

nabbeln .... küssen, koitieren
nerbelo .... verrückt

O

Obergallach .... Bischof, Papst
Oberkaline .... Leiterin, Chefin
Obermacker .... Leiter, Chef
Obermann .... Hut
Öle .... Kanal
ömmes .... jawoll, klar, fürwahr, tatsächlich
olf .... eins
Osnik .... Uhr

P

Pani .... Wasser, Tränen
päsen .... laufen, rennen, fahren
Patte .... Tasche, Portemonnaie
pegelschicker .... volltrunken
Penunzen .... Geld
Pichelbeis .... Wirtshaus
picheln .... trinken
Piene .... Schmerzen
pieren .... trinken
Pillenmakeimer .... Apotheker
plannigen .... weinen
Plautze .... Bauch

plete böschen .... abhauen
plete .... weg, fort, verschwunden
Plinte .... Hose
Plotte .... Messer
Plümpse .... Bad, Badeanstalt
plümpsen .... baden
Plümpskowe .... Badebekleidung
pöhlen .... Fußball spielen
Polit-Hegel .... Politiker
Polit-Mischpoke .... Partei
Ponum .... Gesicht
Poofe .... Bett
poofen .... schlafen
Poofkabuff .... Schlafzimmer
Pore .... Kuh
Püster .... Gewehr

Q

Quallermann .... Spucke, Rotze
Quinie .... Schnaps

R

Rackeli .... Frau
Rakawele .... Sprache, Rede, Gespräch
rakawelen .... sprechen, reden, erzählen
Randale .... Lärm, Ärger
Ratbeis .... Rathaus
Reibach .... Gewinn, Verdienst
Roineisen .... Brille
roinen .... sehen, gucken
Romdi .... Mädchen, Frau
Roof .... Hunger
rumpäsen .... rumlaufen

S

Schabau .... Schnaps
Schabo .... Frau
Schachani.................................. Polizist
schallern.................................. singen
schanägeln.................................. arbeiten
schandudeln .... schimpfen
Scharett .... Bahnhof
scharwenzeln .... schlendern, herumgehen
Schassor.................................. Schwein
Schassörken .... Schweinchen
Schauter.................................. Mann, Kerl
schemmen.................................. gehen, laufen
scherbeln.................................. gehen, laufen
Schero .... Kopf
Scheropiene.................................. Kopfschmerzen
schicker .... betrunken
schickern.................................. trinken
Schickse.................................. Frau
schlören.................................. schleppen
Schmackes.................................. Kraft, Energie
Schmackeskabache.................................. Fitnessstudio
Schmarrer .... Arzt
schmergeln .... lachen, lächeln
Schmiege .... Gesicht, Miene
schmonseln.................. sagen, reden, erzählen
schmusen.................. nennen, reden, sprechen
Schock .... Send, Jahrmarkt
schofel .... schlecht, übel
Schofelgase .... Abgase
Schokelamai .... Kaffee
Schont .... Toilette
Schonte.................................. Scheiße
schoren .... klauen, stehlen, wegnehmen

Schotter .... Geld
Schuck .... Mark
schucken .... geben, zahlen, bezahlen
schucker.............................. schön, schick
schumm.............................. dick, groß, fett
Schumm.................................. Kuss
schwofen .... tanzen
Seeger............................. Mann, Kerl
seegerlich............................ männlich
sierften .... klauen, stehlen
spachteln .... essen
Speismakeimer .... Bauarbeiter, Maurer
stikum .... heimlich, still
Stöckelmasminen .... Pumps, High Heels
Stoof............................... Ärger, Streit
Strehle .... Straße
Strigo .... Junge, junger Mann
Strotte.............................. Hals, Kehle
Stuss .... Quatsch, Unsinn
Stussmann .... Spinner, Trottel

T

Tacken .... Groschen, zehn Pfennig
tacko.................................... schnell
Tackoachilkabache .... Schnellimbisstube
Tagesfleppe .... Tageszeitung
Techtelmechtel .... Flirt, Verhältnis
techtelmechteln .... flirten, knutschen
Teewinde .... Krankenhaus
teilachen .... gehen, laufen
Tiftel.................................... Kirche
Tinnef .... Quatsch, Blödsinn, wertloses Zeug
Tippelstrehle .... Fußgängerstraße
tofel .... alt

tofte .... gut, schön, prima
Tokus .... Gesäß, Hintern
Töle.................................Frau
Tralli .... Zug, Bahn
Trampeljöner..........................Fahrrad
Treibbeis .... Treibhaus
Tut ....Milch

U

Unterkowe .... Unterwäsche

V

vergasselt .... verheiratet
verkaliboren ....verstecken
verkasematuckeln .... erklären, schlagen, trinken
verkimmeln .... verlieren
verklickern.................. erzählen, erläutern, erklären
verkneisterfinken .... verstehen, begreifen
verknickern .... erzählen, erläutern, erklären
verscherbeln .... verkaufen
verscheuern .... verkaufen

W

Wampe .... Bauch
Wuddi .... Wagen, Auto
Wuddibeis ....Parkhaus
wullacken .... schwer arbeiten

Z

Zaster .... Geld
Zerche .... Ahnung, Wissen
Zerchen-Seeger .... Experte, Professor
Zichte .... Zigarette
Zinken .... Nase

Zinkenfilter .... Schutzmaske
zirochen .... riechen, stinken
Zoff .... Streit, Ärger
zoffen .... streiten, ärgern
Zomen .... Beine
Zossen .... Pferd
Zossen-Wuddi .... Pferdewagen, Kutsche
Zulemann .... Nagel